孩子笑了就对了

阳子_著

全能力育儿宝典

台海出版社

图书在版编目（CIP）数据

孩子笑了就对了 / 阳子著 . -- 北京：台海出版社，
2023.12（2024.2 重印）

ISBN 978-7-5168-3740-5

Ⅰ . ①孩… Ⅱ . ①阳… Ⅲ . ①婴幼儿—早期教育
Ⅳ . ① G61

中国国家版本馆 CIP 数据核字 (2023) 第 221934 号

孩子笑了就对了

著　　者：阳　子

出 版 人：蔡　旭　　　　　责任编辑：王慧敏

出版发行：台海出版社
地　　址：北京市东城区景山东街 20 号　邮政编码：100009
电　　话：010-64041652（发行，邮购）
传　　真：010-84045799（总编室）
网　　址：www. taimeng. org. cn / thcbs / default. htm
E － mail：thcbs@126. com

经　　销：全国各地新华书店
印　　刷：河北鹏润印刷有限公司
本书如有破损、缺页、装订错误，请与本社联系调换

开　　本：880 毫米 × 1230 毫米　　1/32
字　　数：200 千字　　　　　　印　　张：8.75
版　　次：2023 年 12 月第 1 版　　印　　次：2024 年 2 月第 2 次印刷
书　　号：ISBN 978-7-5168-3740-5

定　　价：68.00 元

序

　　亲爱的你，很开心用一本书分享我们的育儿生活。很多家长叫我阳子老师，我是专门为 0 ～ 6 岁孩子写课、写书的教研老师，在国内已经有近千万的家庭上过我写的早教课了。也有很多孩子叫我"阳子妈妈"，妈妈和老师就是我最重要的两个身份。先说说妈妈这个身份，我有两个儿子，大的在上小学，小的还在读幼儿园，母亲的身份让我格外理解中国家长的焦虑、痛苦和软弱。

　　再说说老师这个身份，从研究生毕业第一天起，我的工作便围绕着孩子展开。我翻译、编写过儿童绘本，研发过 0 ～ 6 岁的各个品牌的早教课，上过很多的电视育儿节目。这两年自媒体火了，我也做了自己的抖音账号，"阳子说早教"被网友评论为"抖音的早教天花板"，这个称号会让我有点不好意思，真的是家长们抬爱了。

早期教育在国内真正兴起只有不到 10 年的时间。在 10 年前，我刚研究生毕业的时候，工作就是翻译各种外国品牌的课程，我那个时候就一直在想，这些外国品牌的课程真的适合我们中国的宝宝吗？其实我们是有着自己的文化骄傲的。中国宝宝有着中国家庭，也有着不同于西方社会的家庭形态和文化意识。于是在 8 年前，从我开始独立研发早教课的第一天起，我便立下誓言，让真正高品质的早期教育、让更适合中国宝宝的高品质早期教育得到大力普及。

带着这个梦想，我写了一门又一门课，很多家长在上完我的课以后，会由衷地说，原来真正有用的早教是这样的，原来如此简单，原来这么有趣。家长放松了，孩子也就不紧绷了，当亲子关系柔和起来，你们会成为对方生命的最大支持者。而这本书就是我想让所有父母对好好带娃、轻松带娃有一个期待，我们每个人都可以遇见更好的自己，不用当满分父母，因为世界上本来就没有满分父母。当你不追求满分，你会发现你的每一点进步，你和孩子的每一次共同分享，每一次彼此成就，都会促成充满喜悦的亲子关系。

阳子
2023 年 7 月

目录

第三章 做好孩子的启蒙教育

第四章 快乐沟通，和孩子说说心里话

第一章

妈妈越松弛，孩子越快乐

我们都是第一次当妈妈

有很多妈妈说："自从当了妈妈以后，我就不像女孩了，开始变得唠叨，变得不修边幅，逐渐失去了活力。"但其实，你还是你。面对第一次当妈妈的女孩，我还是愿意称呼你为"女孩"，千万不要把自己变成"怨妇"，这两者之间是有巨大差别的。你要学会欣赏自己人生中的风景，让自己松弛下来，因为松弛感会让你更加热爱生活，会带着你和孩子在人生路上走出自己的节奏。

🎗 妈妈们容易神经紧张的三个时刻

第一次当妈妈，难免会对自己有怀疑，对未来有疑惑。即便做了千百次感觉轻车熟路的事情，妈妈们还是会反复练习和确认。一般来说，妈妈们经常容易在下面三个时刻绷紧神经。

第一个时刻是出门前

很多妈妈容易在出门前被坏情绪"引爆"，会把赶时间的一系列责任都归咎在孩子身上，往往容易对孩子步步紧逼。"你为什么还没有刷牙？赶紧的！""我们马上就要迟到了，还有 10 分钟，电影就要开始了！"或者"还有 20 分钟，幼儿园就要上课了，你怎么还在家磨蹭！"

但是，你为什么不能给孩子清晰一点的指令呢？其实，你可以试着说："宝贝，快点下来啦，妈妈在等你刷牙了！""宝贝，请帮妈妈拿下筷子，咱们吃完饭就要出门了。"只有你自己先松弛下来，孩子才能跟上你的节奏，你自然也就不焦虑了。

第二个时刻是睡觉前

首先，很多妈妈怕孩子养成熬夜的坏习惯；其次，妈妈们会把睡觉前的时间当作自己辛苦工作一天的解放时间。所以，一看到孩子到了该睡觉的时候还在玩闹，就立马火冒三丈："我已经很累了，你还不睡觉！"

但是，你会发现：睡前你越是紧逼孩子，孩子越容易产生睡眠压力，越不愿意上床睡觉。所以，有时候我儿子不愿意早睡时，我就带着他玩一会儿。睡觉前最需要让自己松弛下来，而且孩子也玩不了多久。当你和孩子都放松下来时，反倒可以更惬意地入眠。

第三个时刻是见亲戚时

很多妈妈把见亲戚、朋友的场合当成了自己的秀场，想着"我一定让大家见识一下，我是个多棒的妈妈！"所以一旦孩子的行为不如自己的预期，妈妈就很容易生气。

其实，希望所有妈妈在见亲戚、朋友时，不要拿自己的孩子和别人的孩子横向比较。比较是一种可怕的行为，这会让孩子陷入焦虑和紧张。我从来不会把我的孩子和别人的孩子进行比较。我儿子身边的同学、朋友以及我们小区的邻居，他们都常说："酷仔，我好喜欢你妈妈，好羡慕你妈妈不管你！"可能很多妈妈看到这里会疑惑：不管孩子是什么心态？其实，在适当的时候"不管"孩子，就是松弛感的一种表现。

无论是出门前、睡觉前还是见亲戚时，这三个时刻真的发生了什么重大事件吗？实际上并没有。松弛感就是一种心理状态，认为"没什么大事，眼前任何一件事的发生，都没什么大不了的"。所以，松弛感就是一种"心理弹性"，是面对突发事件的一种态度或能力。

我见过一个特别紧张的家长，孩子走路时不小心把瓶子踢倒了，下一秒钟家长立刻情绪失控了，甚至说："你看你整天毛毛躁躁的，这样下去以后学习也会不好。学习不好，你就找不到好工作，没有好工作，那你这一辈子的生活都过不好了！"通过踢倒一个瓶子，就否定了孩子的人生，这多么可怕啊！

其实，在亲子关系中没有大事。孩子不会毫无预兆地进入叛逆期，家长也不会无缘无故地情绪失控。所谓的大事一定是一件件小事日积月累形成的。其实，孩子不小心踢倒瓶子时，家长可以说："宝贝，咱们把瓶子扶起来。妈妈用抹布先擦一下，你去拿拖把，我们一起把地板擦干净，好不好？"看，这样简单、平静地应对，是不是松弛感的表现呢？这样做，还会有什么大事呢？

🎗️不要焦虑，要看沿途的风景

每个人都有情绪，也都会有情绪失控的时候。情绪就像压力瓶，压力一旦过大，就会爆炸。我见过很多家长要求自己28天内不发火，结果到了第29天，发了一通巨大的火。所以，短暂地控制情绪永远不是好办法，比起控制情绪，更重要的是学会疏导、放松，停止焦虑。

我见过一个非常焦虑的妈妈，她每天都会给自己定一个目标，做一张计划表。注明今天要带孩子认识多少个字，背几首古诗。在我看来，"鸡娃"的妈妈很鼓舞人。带着孩子学习不是坏事，六岁的孩子应该认字、学古诗了。但是，要先弄清楚你的目标：你是真的希望带着孩子共同做好这件事情，还是希望从孩子早晨起床那一刻就开始唠叨。"你今天得背诗、识字，抓紧时间！"这种随时出现的焦虑，不仅于事无补，而且还会传递给孩子。

我是"不焦虑养育"的倡导者。带孩子走在街上时，经常听到我的粉丝说："阳子老师，你是我在生活中见到的唯一一个带着孩子，还能无时无刻不洋溢着轻松、自在的笑容的人。"实际上，我也有生气的时候，只是他们恰好看到了我快乐的样子。但是，我是不焦虑的。在我看来，和孩子相处时，彼此之间的松弛感和幸福感，就像谈恋爱时一样。永远不要去掌控对方，你要想办法让对方爱上你。

很多小朋友都说："我好喜欢酷仔的妈妈。"大家之所以羡慕我的孩子，是因为我愿意让孩子去看风景，同时我也看自己的风景。

有一次，我和几个酷仔同学的家长一起带着孩子去爬山。一路上几乎所有的家长都在说："把书包背好！""系好鞋带！""不要摔跤！""回家赶紧写作业。"……我什么都没有说，全程在看风景。

山上有一棵树，长得极其对称，就像复制、粘贴的一样，我当时都看呆了，几乎同时，酷仔也发现了那棵树。那天，人群里只有我俩发现了那棵奇特的树。因为只有我们没有把注意力聚焦在孩子的鞋带、背包、作业上，所以我们才有空欣赏沿途绝妙的风景，那一刻就充满了松弛感。

松弛感能让孩子学会更好地享受人生，更好地看路上的风景。松弛感也是我内在不焦虑的原因。

🎗有求必应，不求不应

有时候，妈妈们会走一种极端，"你要想我不焦虑，那我只能彻底不管孩子了"。其实不是这样的。首先，你不是要管理孩子，而是要不设限、不带预期、不画蓝图地参与孩子的生活。其次，我很希望妈妈们试着松弛一点，跟孩子在一起时，尽量做到"有求必应，不求不应"，这种松弛感会让你和孩子的生活都好过一些。

我带孩子出去游玩，孩子来找我时，我才会给他们及时提供援助，及时回应他们。但是更多的时候，如果他们不主动来找我，我不会管他们，而是会把给孩子带的玩具放在一旁，让他们自己玩。在这种情况下，我和孩子们就很好地保持了各自的松弛感。

大部分妈妈很难做到"不求不应"。比如，带孩子见亲戚、朋友时，大家都希望孩子按照自己的预想，表现得更有礼貌、更得体，因此不停地说："宝宝，把脚放下来。""宝宝，你要吃点青菜！""你现在能不能给大家表演一首你上学期学的儿歌？"……这就是想让孩子踩着自己的步伐前进，按照自己的预期去管教和限制孩子。其实，孩子要学会在社交环境中怎么度过自己的时间，怎么找准自己的位置。这一切，大都只能靠他自己来完成，家长不用干涉，也不宜干涉。

🎖 适时放弃，是一种理智

孩子呱呱坠地的那一刻，我们都觉得，只要孩子这辈子能健康、快乐就好。但随着孩子越长越大，我们的要求却越来越多了。很多家长都在焦虑：如果我一年前做了什么，现在的结果会不会好一点？很多家长会说："我家孩子越长大，表现得越不行。"但真的是这样吗？你家孩子出生的时候就会走路、会写字、会表达自己的情绪吗？怎么越长大就越不行了呢？其实，是你给孩子贴了个"宝宝，你不行"的标签。

我们的人生是一条单行道，养育孩子也是如此。

首先，一个人但凡在长大，就一定在进步，没有哪个人会彻底退步。我们要相信自己的孩子，他们都是带着天赋而来的，要深信每个生命都有自己的张力。我们要看到孩子身上的进步，把孩子所谓的"坏习惯"当作一个特殊时期的临时行为。

其次，要允许孩子有放弃想法。有时候我想让酷仔和汐仔学一些东西，当然是在他们自己也想学的前提下。总有家长跟我说："孩子一开始想学钢琴，但学了一段时间之后，又不想学了，我很焦虑，我到底要不要放弃？"

其实，适时放弃是一种理智。如果在这个世界上，每件令我们一时兴起的事情都要坚持下来的话，那我们活得多累呀！哪怕在网购平台上购物，也有七天退货的冷静期，所以，我们要允许孩子"退货"，无论学什么，都要先给孩子一定的时间，让他试试看。一段时间以后，如果孩子的热情冷却下来，不再认为某件事情好玩了，父母和孩子再共同讨论要不要坚持的问题。不要一心想着培养全能的孩子，因为全能的孩子必定是不快乐的孩子。我们见过太多表面上看起来"样样都很厉害"的孩子，他们的内心其实是很脆弱的。

这个世界有时候是不公平的，妈妈往往被认为是教育孩子的第一责任人。这个社会也往往用"孩子是否教育得好"来评价一个女性是否成功。比如，学校叫家长时通常都是说"叫你妈妈来学校一趟"，而很少说"叫你爸爸来"；也很少有人会说"这个奶奶把孩子养得真好"，但很多人却在说"这个妈妈到底合不合格"。所以，在这种社会背景下，妈妈们的焦虑感会变得更强，但这也表明我们本身有责任感。

我们都是第一次当妈妈，这种焦虑并不可怕。你能否做个好妈妈，跟生过几个孩子没有关系。很多人哪怕生了很多个孩子，也照样不会当妈妈。用固有的理念去养育孩子是最不可靠的，因为养育孩子的过程是不断发展变化的过程，应该因人而异，因时而变。正因为我们是第一次当妈妈，这种新鲜感才是宝贵的，我们要和孩子手牵着手一起享受沿途的风景。

高层次妈妈，懂得营造松弛感

我曾看过一位人大附小老师的采访，她问同学们在家里最讨厌的事情是什么，孩子们给出了各种各样的答案，排在第一位的是父母吵架，排在第二位的是爸爸妈妈总盯着自己。现在我们回忆一下，自己小时候被父母盯着，会不会感到厌烦？其实，哪怕你一直盯着孩子长大，不允许孩子做的事情，也许他还是忍不住会尝试，到那时候你会更抓狂。

🎗 妈妈越松弛，孩子越幸福

懂得营造松弛感，并不意味着对孩子不管不顾。相反，这类妈妈恰恰是对自己和孩子最负责任的妈妈，会让自己和孩子都有空间。

首先，有了松弛感，孩子会更幸福。

很多家长本能地觉得自己孩子很幸福，总是会说："小孩能有什么压力？凭什么不开心？"实际上，不同孩子之间的幸福指数差距非常大，这与孩子父母的养育方式有着密切的关系。

很多孩子是不爱笑、不会玩的。我在酷仔和汐仔的幼儿园里发现，有些孩子没办法加入集体游戏，在人群里很紧张，总是设法躲起来。这些孩子如果不是发育迟缓，就一定存在社交障碍。

酷仔班里有个有社交障碍的小男孩。我通过观察发现，那个男孩的妈妈来接孩子时，她的第一句话仿佛永远都在挑刺："你能不能把衣服穿正了？""你能不能把领子翻出来？"……**这位妈妈就是太紧绷了，控制欲太强了，这样会让孩子觉得自己做什么都是错的，从而变得胆怯、自卑，甚至产生自闭行为。**所以，妈妈越松弛，孩子越幸福。

其次，有了松弛感，孩子会更有自信心。

很多家长经常问我，怎样培养自信的孩子？适时地夸奖孩子是有用的，但更多时候需要家长放手。拿画展举例，孩子希望观众夸的是自己的画好，而不是夸布展人把画挂得有多好。家长如果懂得营造有松弛感的成长环境，孩子就会更自信，并且会非常清楚自己能做好身边的事情。

最后，有了松弛感，孩子更易产生信任感。

很多家长问过我："阳子老师，为什么我家孩子在幼儿园被人欺负了，都不跟我说？"其实，这是因为你的下一句话总是："你为什么会被欺负？""你怎么那么没有出息？"这种压迫式的质问和指责，会让孩子害怕你，不信任你。

在懂得营造松弛感的家庭中，孩子是最容易和家长建立信任关系的。因为家长的教育原则是：有求必应，不求不应。孩子只要来求助，爸爸妈妈就在；孩子想做的事情，家长可以让孩子自己去试一试。这样养育出来的孩子会更有自信和安全感。

酷仔七岁时和我分享过一件事，他说："妈妈，我们小区里有人给我取外号，他们叫我'裤裆'。"这时，如果是很紧绷的妈妈可能会说："谁给你取的外号？我们去找他！"或者说："你不要跟他玩了！"但这样做，对孩子的教育是智慧的吗？

对于酷仔来说，被人叫"裤裆"具有很强的羞辱意味。说实话，我当时很想笑，怎么会有人起这么可笑的名字？于是，我们两个人坐在那儿研究了一下午，把他们一起玩的每个小朋友的名字都写下来，并且想了很多比"裤裆"更有意思的外号。这样，大家再一起玩时，有人喊酷仔"裤裆"的时候，酷仔就喊出那个小朋友的外号。久而久之，所有人就都忘记"裤裆"这个外号了。

酷仔后来问我："妈妈，为什么他叫我外号的时候，你没有骂他？"我说："因为妈妈知道，他是在向你发出信号，他想跟你做好朋友。"你想一想，咱们身边哪个人没有个好哥们儿叫"胖子""大头"之类的？男孩之间的友谊是从给对方取外号开始的。

面对这种小事的时候，妈妈要有松弛感，这样孩子才会"享受"地看待身边一切不太美好的事情。

后来，酷仔和给他取外号的小朋友成了最好的朋友，他到现在都会私下里跟对方说："你记得吗？七岁的时候，你叫过我'裤裆'……"这是他们俩亲密友谊关系中很特别的一段回忆。

很多人问过我："作为教育专家，你的两个儿子有什么过人之处吗？"我觉得，如果非要说我儿子有什么过人之处的话，那可能是他们真的是幸福指数很高的孩子。他们两个人到任何一个新环境里，都能迅速融入，并且乐在其中。酷仔说过一句话："我无论走到哪儿，都能很好地玩儿起来！"我觉得这句话是对我育儿成果最高的评价。

🎀 成为有松弛感的妈妈

我见过一位很有松弛感的妈妈。有一年暑假，几位家长带着自己的孩子在老师的办公室，一个四岁的小男孩不小心把老师的花瓶打碎了，其他妈妈的第一反应都是"宝贝，赶紧走远一点，不要扎到手"。

但那个妈妈说的是："咱们现在赶紧戴上手套，把碎片捡起来，看还能不能拼回来，或者能不能把废物利用起来做点什么东西？"花瓶的碎片虽然锋利，但戴着手套或用抹布包着手小心地去捡，其实就没什么危险。这个妈妈让四岁的孩子知道，打碎了花瓶就得收拾现场，而不是因为孩子不小心打碎了一个花瓶，就唠叨一下午，从而让孩子和自己在烦躁、抱怨和哭泣中度过。

在我看来，有松弛感的妈妈，至少要做到下面这三点。

第一，多关注自己。

很多妈妈跟我接触之后说："阳子老师，跟你接触真的让人感到如沐春风，我心情都好起来了。"她们会跟我抱怨，自己在生了孩子以后，都没时间洗头、化妆了。我就想，其实，你只要有生气的时间，就有洗头和化妆的时间！这话的意思是说，你首先得学会关注自己。

母亲这个角色承担了非常多的重任，正因如此，在考虑别人的同时，也要注意关注自己。我经常跟妈妈们讲："你今天有什么需求？想喝奶茶，还是想看一场很久没看的电影？"做了妈妈之后，你应该学会向你的家人寻求帮助，必要时需要从母亲的身份中抽身，偶尔做一下自己。放下母亲的角色是让我们能当好母亲的前提。

第二，站在孩子的角度看世界。

和孩子相处时，你要和孩子一起，站在他的角度看这个世界。这句话说起来简单，但做起来特别难。很多家长都知道，当你蹲下身和孩子说话，你们的视线是在同一水平线上，这样你才能跟孩子更好地交流，但这种交流通常是在发生某个矛盾之后，而不是日常的交流中。

我平常特别喜欢和孩子一起坐在路边，因为并肩坐在一起时，我们的视线是差不多的。有一次，我和汐仔一起坐在马路边吃冰淇淋，边吃边聊天。他跟我说："妈妈，你看这些车的底盘都不一样。"我突然发现这很有意思，这些车的底盘有高有低，甚至我们能透过车的底盘下面的区域看到马路对面。这件事很值得讨论，因为当你放慢脚步去看这个世界时，你会发现，世界上会有很多很好玩的事情。教育孩子的过程也一样。

第三，享受当园丁的过程。

我始终坚信，养孩子和养花是一个道理。亲爱的妈妈们，你要把自己想象成一个园丁，你只负责浇水，孩子什么时候开花，可不是你能控制的事儿。你也不要总期待浇了水，明天就能开出最娇艳的花。在花开之前，你要享受园丁给花浇水的过程，静待花开，孩子开花的时候你就会感到很意外，很惊喜。

当了妈妈以后，你可能忘记了自己曾经也是女孩，也是一个闪闪发光的人。就算已为人母，你也要始终做一个在生活中能够充分看到自己和对方的好、看到生活的美、享受到生活的惬意，做个幸福满满的人。这样，你自然也会给孩子的人生带来不一样的影响。

🎗 妈妈是河流，孩子是小船

孩子成长的过程，也是家长自我探索的过程。在这个过程中，我们要给予孩子陪伴。而适度的松弛感就是在陪伴孩子的同时，给自己和孩子空间，彼此都愿意全身心地享受做一件事情的感觉。我跟我的孩子们约定，每年都要带他们出去旅游一次。因为我的小儿子现在才三岁多，所以目前我跟大儿子出去旅行的次数多一些。从酷仔三岁开始，几乎每年我们都会进行两次为期六到七天的旅行，我们不会选择迪士尼、欢乐谷这样的地方，我们会以国内一些城市为目标，再在要去的那个城市里选出各自最想去的地方。

我的大儿子酷仔和我一起旅行的这些年，他的成长令我惊讶。实际上，从三岁开始，孩子就会逐渐拥有共情能力。比如，他们懂得"这个自己很喜欢的地方，妈妈要陪我去玩儿。我虽然不那么喜欢那个地方，但是妈妈喜欢去，我要陪妈妈去玩儿，因为我们要互相陪伴"。

我记得特别清楚，酷仔四岁多那年我们一起去了一趟常州，当时他选的地方是常州恐龙乐园。去过恐龙乐园以后，我们去了常州附近的一个江南水乡，在那里酷仔第一次主动说："妈妈你坐在桥头，我给你拍一张照片。"

很多家长可能会觉得这句话没什么大不了，但当他说完这句话时我就落泪了。因为那是我第一次感觉到，酷仔会从我的角度为我考虑，在想办法让我开心。他不是讨好我，而是在我与他日积月累的陪伴中，他看到了妈妈喜欢的东西，所以真心希望妈妈开心一些。

其实，酷仔给我拍的那张照片的画面是歪歪扭扭的，但很长一段时间里，我都用那张照片做我朋友圈的背景图，因为那张照片里我很松弛。这种松弛感就是，我和孩子待在一起时，什么事情也不做，一起待着双方就都觉得很舒服。

很多父母都给我讲："阳子老师，我了解了早教之后，就不那么焦虑了。""我知道我的孩子是正常的，我的人生也就正常了。"听完之后，我往往会这样回答他们："你错了，只有你的人生是正常的，你的孩子才是正常的。"了解育儿相关知识固然重要。但是我们要先让自己过上正常的生活。如果孩子是一艘船，那么，妈妈就是无边的河流。如果河水湍急汹涌，船就会一直上下起伏。如果水流和缓，小船就会是静谧、安稳的。因此，妈妈越松弛，孩子才会越快乐。

平衡好孩子和自己的需求

　　有家长问过我："孩子做得没有自己预期的好，该怎么办？"我想说，对其他的事可以预期，但养育孩子是最不能有预期的。

　　生活中，会令我们感到失望的事情往往都是那些我们事先有预期的事情。当你有了"老公会在纪念日的时候送我包"的预期，如果他没给你送包，你就会失望；你在电商平台下单买裙子时，预期"这条裙子穿起来一定超级美"，当你收到后发现它并不好看时，就会失望。

　　每个孩子都是一个独立的生命体，所以，不要给孩子设限，否则他人生的上限，就是你现在的人生。

🎗制订你和孩子共同参与的计划

养育孩子是不能有预期的，但规划和计划是要有的。

我经常会带着我的两个儿子去图书馆，但我们的计划也仅仅是去图书馆而已。

我们仨也是书店里的常客。买一本书之前，我们通常都会先看两本书。所以，我的大儿子通常会制订"看两本书，买一本书"的计划。

我的小儿子汐仔现在刚尝到图书馆和书店的"甜"。我会跟他说："宝贝，你今天想看一本什么书？我们一起去找。"如果当天汐仔想读和恐龙有关的书，我们会去找和恐龙相关的书。但具体要读多久、怎么读，我们没有预期。因为一旦有预期而完不成时，就会失望。

此外，我想给所有养育者提一个建议，帮孩子制订计划时，我们要把自己也计划进去。

动画片《小猪佩奇》就特别有意思。小猪佩奇家是个二孩家庭，佩奇有个弟弟叫乔治。有一天，佩奇的朋友们到她家来玩，乔治说："姐姐，我想跟你们一起玩。"结果佩奇说："你好烦，我是大孩子，你是小孩子，你不要和我一起玩。"

现实生活中，很多二孩家庭也会出现这样的问题。这时，有的父母就会把"佩奇"叫过来，说："你是姐姐，好姐姐就要带着弟弟玩！"这就是父母对姐姐的预期——"你得是个好姐姐"。有的家长会把"乔治"叫过来，说："乔治你要好好表现，这样才有更多朋友喜欢你。"这是你对"乔治"的预期。但其实，我们家长凭什么用自己的预期去要求孩子呢？这是孩子自己的社交生活。

小猪佩奇的妈妈是这样做的：她拿出一些面粉，对乔治说："我带你做饼干。"她没有对孩子有预期、提要求，而是制订了和孩子共同的计划。这就是她教育孩子时令人称赞的地方。

🎗 允许孩子犯错，"可以""不可以"

每个人都会犯错。我、酷仔和汐仔三个人经常相互道歉。我允许孩子犯错，从来不强迫他们检讨，我们会一起复盘，某件事情中对方可以做得更好的点是什么，如果重新来下一次会怎么做等。

在这个世界上，真的有那么多正确和错误之分吗？仔细想想，只有少数事情有对错之分，在养育孩子这件事上多数是没有对错之分的。家长们，你们要坚信"错误"的土壤里，也有可能开出"正确"的花。

比如，很多家长可能都觉得孩子不能在家里玩水。其实玩水本身是件极其正常的事情，只是家长心里有个预期："玩水容易把地板弄脏，或者让人滑倒。"所以，玩水就成了错误的事情。

养育孩子时，大约只有5%跟安全和道德相关的事情才是有对错的。比如，小孩不能玩火，排队的时候不可以插队。其他95%的事情都是没有对错之分的。我们只要记住五个字"可以""不可以"，一件事情在什么情况下是可以做的，加上什么样的特定条件之后就不可以做了。比如，孩子可以玩土，但是得在户外玩，回家第一件事是把鞋子脱掉，家里不可以玩土。孩子可以在家里画画，但不能在墙上画画。这就是"可以""不可以"。你得让孩子知道，给孩子的规则的边界在哪里。

很多家长不喜欢绘本《大卫，不可以》，他们会说，大卫·香农会教孩子们做坏事，"你看这个不听话的大卫，他又爬那么高"。可是，这是每个孩子的天性啊。我们小时候谁没有爬过高呢？我们不也没看过这本书吗？因此，有些事情是孩子一定会做的，更重要的是，家长要告诉孩子什么是"可以"，什么是"不可以"，即什么时候可以做某件事，什么情况下不可以。

🎗 不要过度保护和控制孩子

很多家长问我："溺爱孩子，是不是因为给孩子太多爱了？"我想说，溺爱的本质是控制、保护对方，想让对方成为自己想要的样子。因此，"溺爱"不是合理的爱，而是压榨。

我们经常几家人一起带孩子出去玩。有一次，我们出去玩时遇到一个小泥潭，汐仔特别想把手伸进去。我看到后说："你伸进去呗。"我非常坚信大自然是对孩子的馈赠，所以这就是他最应该玩的东西。但有的家长会说："太脏了，你会弄脏的，你会感冒的……"其实从本质上讲，是家长不想让孩子给自己制造麻烦，这是一种过度保护。

过度保护的背后，其实是过度的控制

你想要控制对方，你想让对方不要给你惹麻烦，你想让他成为你想要的样子。不要画你孩子的蓝图，因为你是想象不到孩子未来所有的可能性的。比如，我妈妈是一位老师，她的班上有 45 个学生听她上课。但 30 多年前的她不会想到，她的孩子的一场讲座就有 5 万 ~ 10 万的人听，这是她画不出来的蓝图。所以我们经常说，不要尝试去过度地控制你的孩子，或者替他去做预设。

过度保护的背后，是家长的不信任

有个妈妈问过我一个问题："阳子老师，我的孩子总想从高处跳下来，我到底要不要让他跳？"当然，孩子跳了之后有可能会摔倒，但不跳的话，孩子这辈子就不会摔跤了吗？如果下次孩子趁没人的时候偷偷跳，岂不是更危险？所以，你可以对孩子说："这个台阶有点高，如果你想试的话，妈妈建议你可以先试着跳低一点的台阶，你跳的时候妈妈一定会保护你。"

🎗 平衡孩子和自己的需求

妈妈们要平衡好自己和孩子的需求，要相互尊重，并且学会求同存异。

第一，妈妈应该更关注自己。

除了满足自己日常基本的生活需求之外，更要满足自己的精神需求。所以，我非常倡导妈妈们不要围绕孩子去社交，要有自己的社交圈，要有自己的三五好友。

我跟我的几个好闺密都当了妈妈，我们都在不同的领域从事着自己喜欢的工作。平时，我们会有专门带着各自的孩子一起玩的活动，但我们约定：只要是不带孩子的聚会，我们绝对不讨论孩子。谁要是开口说孩子，我们都会瞪谁。因为我们已经在各个场合聊够了孩子的话题，此刻我们首先是彼此的好友，其次才是孩子的妈妈。

第二，培养自己的爱好。

我自己最大的爱好是玩密室逃脱。很多人好奇，我的先生是空军飞行员，我是从事传统教育行业的老师，我俩是怎么认识的？其实，我俩就是拼场玩密室逃脱时认识的。

我非常喜欢聪明人，所以当我先生先于我解除密码锁时，他成功地吸引了我的注意力。后来，我才知道他会开锁，他能通过听"嗒嗒嗒"的声音打开密码锁。我们就是因为共同的爱好才相识、相恋的。

　　相同的爱好其实不会产生任何经济价值，但是能让两个相似的灵魂产生碰撞，相同的爱好带来的那种精神上的小愉悦、小满足，能为我们提供持久的精神力量。爱好能让一家人有共同的精神纽带。如果你看着觉得好玩、感兴趣，你可以选择加入进来，但我绝对不会强迫家人喜欢我的爱好。

　　我们家的日常就是我跟我老公空闲时，会带着我的大儿子酷仔去玩密室逃脱，我们甚至会一起画我们心中的密室。酷仔喜欢看"三国"系列的书，他特别想设计一个"三国"主题的密室。偶尔我们仨会一起比赛解谜，我的小儿子还小，就在一旁捏橡皮泥，但他能感觉到大家都有事做。

第三，学会寻求帮助。

　　我特别不喜欢"妈妈是超人"这句话，因为哪怕是超人也需要休息。所以，妈妈们一定要学会寻求帮助。所有的爸爸们更要及时发现你妻子的求助信号。在照顾孩子的时候，我经常跟我老公说："我不行了，你马上就要失去你的妻子了，你自己看着办吧。"他就会立刻顶上来，换我休息。当他累了的时候，我也会赶紧顶上去。

　　很多男士会说，他们回家时，宁可躲在车里抽一支烟，也不想打开门的一瞬间看到的是自己老婆。其实，如果一个家里有个妈妈特别强势，总是指责自己的老公，他不会觉得自己的妻子需要休息，只会觉得对方有用不完的力气。

但我更理解焦虑、崩溃的妈妈们。我想对大多数爸爸说，你以为你的妻子愿意整天对着你发脾气吗？数落完你之后她的心情只会更糟糕。只是你能躲，但她能躲去哪儿呢？如果你发现你的妻子需要帮助了，你其实可以休几天年假，让你的妻子有个喘息的时间。

婚后有了孩子，大家要学会错峰育儿。很多小夫妻特别有意思，要么都不管，要么一起争论，最后两人都累得不行。我见过一个妈妈，她每个月一定要在酒店住一天。她说："我要睡一个长长的觉。"那天，就是她老公一个人带娃，我特别赞许她这种做法。两个人共同组建一个家庭，夫妻之间要学会相互扶持和帮衬，谁累了就休息会儿，双方轮换着付出。

妈妈们，你只是生了个娃，当了妈妈，而不是要当超人。**超人要拯救全世界，没有人会觉得超人需要休息。**你要多关注自己，适时向身边的人发出求救的信号，告诉对方你累了，你需要休息。

与爸爸明确分工，紧密配合

在一个家庭里，妈妈和爸爸是完全不同的角色，对孩子有完全不同的影响。在育儿的问题上，妈妈和爸爸的作用不同。妈妈能让孩子找到自己，而爸爸能让孩子走向世界。

🎗 爸爸是力量感的代表

在育儿的过程中，找到爸爸的位置很重要。我们现在的社会教育体制有个很大的问题，那就是女性过多地参与了，而男性参与得太少了。老师群体以女性居多，尤其幼儿园和小学的老师几乎见不到几个男性。

在一个家庭中，爸爸是力量感的代表。在养育孩子的过程中，爸爸一定要适度地参与，才能更好地培养孩子健全的人格。

比如，最低标准得是一周带孩子读两次故事，做一些有力量感的游戏，带孩子参加一次户外活动，让孩子从爸爸身上感受到力量。

我们家的爸爸虽然常年不在家，但他在家的时候，总会做一些不一样的事情。我经常给家长讲："你们家换灯泡的时候，哪怕物业能换，只要爸爸会，都得让爸爸来。"这会让你的孩子觉得，爸爸是不一样的，爸爸能独当一面。我们家会经常安排一些爸爸擅长的活动。比如，我老公很擅长各种运动，我让他带着两个孩子专门做很多和运动相关的项目。孩子的自信，一方面是从他们自己的肌肉骨骼里长出来的，另一方面很大程度来自父亲带给孩子的力量感。

好爸爸是夸出来的

在很多早教中心门口，常常会看到两种风格完全不同的妈妈。同样是给孩子换尿不湿，一种妈妈是爸爸刚一上手，她就在旁边说："你会不会换？不会我来！你看你，孩子本来一点儿事也没有，你都把他弄疼了。"另一种妈妈则是鼓励爸爸："我换的时候孩子就哭，你换就不哭，你怎么这么厉害呢？老公，你太会带孩子了！"

同样，我们还发现下课以后，爸爸们的表现也分成两类。被埋怨过的那些爸爸，会自顾自地往前走，让妈妈抱着孩子。

而被夸奖的爸爸们不仅自己抱着孩子，提着东西，还牵着妈妈。因此，好爸爸、好老公，都是女人夸出来的。

我记得，我老公经常读一本绘本《是谁嗯嗯在我的头上》。当他读到猪要放屁的时候，他就"噗——"的一声，汐仔就笑了。这时我非常惊讶地说："老公，你是天才吧！我写了这么多年绘本，讲了这么多绘本，都没有发现猪会放屁。"自那天之后，每天他一起床就拿着那本绘本问汐仔："你现在要听绘本故事吗？"并且，他越读越自信，汐仔也越来越喜欢他读故事。

有一天，我老公看见我在一档电视节目里讲到了小猪放屁这个细节后，他问我："你知道猪会放屁了？"我立马说："我不知道，这个是你告诉我之后，我才在电视里讲的。"其实，那是几年前的电视节目了。但我说："这就是你启发了我。"幸好，我老公没有看出来，他仍然坚定地认为是他先发现了这件事情。**男人是需要被鼓励、被看到、被赞美、被肯定的，这样才能激发他们的成就感**。而且，我非常希望在孩子心里，他们的爸爸是很厉害的人物。并且我自己也觉得，在我们家似乎就没有我老公干不了的事。

🎖 养育分工，不是家长的权力之争

我怀孕的时候，就跟我老公有个约定，我俩可以因为自己的事情吵架，但绝对不可以因为孩子的事情而在孩子面前争论。

很多人听到这里会觉得，这两者之间有什么区别吗？不都是吵架吗？事实上，区别可大了。

比如，我和我妈妈在抚养孩子方面有个冲突，就是应不应该给孩子喂饭。我妈坚信，不给孩子喂饭，孩子就会饿死。她甚至总是用这句话反驳我："小时候我要不喂你，你早饿死了。"她自然觉得我的两个儿子也得喂饭。而我的态度是："孩子不吃，我绝对不喂。下顿不吃，我还不喂。"尽管我俩观念完全不同，但我们绝不会当着孩子的面讨论养育的问题。因为孩子是非常敏感的，他会知道，原来姥姥和妈妈也会有分歧，他就逐渐变成了"两面人"。孩子跟我在一起时，自己吃饭吃得特别香；跟姥姥在一起时，如果姥姥不喂饭，孩子就不吃了。于是，很多家长觉得这件事儿很可怕。事实上，真的那么可怕吗？

试着想一想，我们现在上班的时候，没有人会四仰八叉地躺着，但是，一到家之后，怎么就变了一个样子呢？这其实是因为环境不一样，相处的人不一样，我们就会拥有不同的社交策略。孩子也一样，我们要允许孩子在不同的环境中有不同的行为表现。

最可怕的其实是家长之间的权力之争。比如，我在做一档电视节目时，遇到过一对婆媳，她们在桌子上争论起该不该给孩子喂饭。她们表面上看似在争论喂饭这件事情，本质上却是在争权，即到底谁在孩子面前说了算。

其实，我建议家长做好"养"和"育"的分工。我们家的育儿原则是，这件事当下谁在处理，就是谁说了算，我们会把事情的归属权先分好。比如，如果妈妈们平日在上班，孩子的吃、喝、拉、撒、睡都是老人在照顾，那么你希望饭桌上的孩子听你的是很不合理的，这件事对老人来说也不公平。所以，当你不在家的时候，你要学会放手，把育儿的决定权暂时交出去。

在此，我要感谢我的婆婆，我跟我婆婆之间从来没有任何育儿的矛盾。也许跟我的专业有关，她总是百分之百无条件地认为"阳子说的就是对的"。但我妈可不这么认为，因为她是阳子的母亲，所以她百分之百是对的。

然而，当我们为人父母后，我们教育孩子的很多做法得不到父母的认同，实际上是因为他们觉得你还没有长大，你要让他们看到你已经会当爸爸或妈妈了，他们自然也就放手了。但是，育儿的过程是每时每刻都会出现新问题的过程，家里要有一个养育孩子的主心骨，但这并不意味着你所有事情都要管。老一辈人若是用了一些让你不赞同的教育方式，只要不涉及原则问题，你其实可以睁一只眼闭一只眼。这个世界上哪有完美的人呢？完美的生活一定是压抑的，所以我现在跟我妈妈达成了育儿共识，把"养"和"育"分开，孩子的吃、喝、拉、撒、睡交给她，教育的问题交给我。

🎗 让爸爸感受到"被需要"

妈妈们，当你们跟爸爸们分配家庭角色时，首先得让对方觉得，他们在家里是被需要的。父亲这个角色之所以会从某些家庭的亲子生活中淡出，是因为他觉得自己不被需要。

比如，每天我老公一进门，汐仔迎接他的第一句话往往就是："我不喜欢爸爸。"其实，我非常理解汐仔当时的心理，他现在正处于"诅咒敏感期"，他会说一些很难听的话，会用"不喜欢爸爸"这件事情来展现对妈妈的爱。这不是在讨好妈妈，对于一个两岁多的孩子来说，他心里只有一个喜欢的人，至于其他人，他都不那么喜欢。

当然，爸爸这时肯定会感到失落。所以你要给爸爸一些机会，同时也让自己偷个懒，你可以让爸爸单独带孩子出去玩。哪怕当天孩子某顿饭吃得满身都是，甚至身上被磕着碰着了。我的大儿子酷仔三岁之前也很不喜欢爸爸，但三岁以后他最喜欢跟爸爸单独出去玩。他们父子之间的娱乐方式、互动方式，和跟我在一起时是完全不同的。

我强烈推荐让男孩跟爸爸一起玩打闹游戏。有的家长会觉得，打闹游戏是非常粗暴的游戏。但是你可以想一件事情，我们的男孩进入小学以后，他们下课会聚在一起讨论时事政治吗？会讨论学习吗？不会的，男孩们就是喜欢聚在一起追逐打闹。所以孩子们，尤其是男孩，一定要具备和他人追逐打闹的能力。我见过酷仔一个同班同学，别的同学只要碰他一下，他就告诉老师说："老师，他要打我！"因为那个孩子分不清同学们"是要打我，还是要跟我玩"，这其实很可怕，值得我们反思。

所以，爸爸们可以带着孩子做一些最简单的打闹游戏，如跟孩子一起用枕头打闹着玩。我们家的枕头大战规则很简单，我们会用枕头抢对方，但是会提前说好规则：不能咬，不能踢，不能放下枕头用手打。通过这些游戏，你会发现会玩打闹游戏的孩子到三岁进了幼儿园以后特别会玩，因为男孩们主要就玩一个游戏，那就是打闹游戏。

妈妈们育儿时，一定要学会和爸爸们分工配合。爸爸们很多时候其实不是不想参与进来，而是当他们总是被批评、被指责时，就逐渐失去了参与的热情。妈妈请记住，你是第一次当妈妈，他是第一次当爸爸。所以，**你们要学会适时地抽身，给爸爸和孩子一个空间，让孩子在与爸爸的互动游戏或交流中获得力量感。孩子一定要对父亲有崇拜感，这对孩子发展健全的人格非常重要。**

营造松弛的家庭氛围，
让孩子快乐成长

很多人问过我："阳子你怎么这么容易开心，这么豁达？"我想，我的心是大的。一方面，因为我从小在新疆长大，看过很大的天空；另一方面，因为我的家充满了爱。

我现在也常常回忆起，小时候爸爸妈妈带着我，我们三个人躺在床上聊天，我爸经常跟我说些很无聊的话题。他会说："如果咱们三个人各自选一个动物，展开一场森林大战，你会选什么？"前几天我和儿子也聊起了这个话题，聊的时候我非常有感触，因为我爸爸在 2011 年的时候得了癌症，2015 年离世了，他走之后的 4 年我都过得非常痛苦。但我现在想到他会觉得，他给我提供的源源不断的力量感，让我什么都不怕，让我相信没有什么事情能打倒我。

🎗 鸡蛋煳了，就焦香四溢地吃

我成长过程中的家庭氛围是轻松愉悦的，因为我爸非常有松弛感。我记得初二的时候，我太喜欢哈利·波特的扮演者丹尼尔了，当时我特别想买《哈利·波特》的原版海报，但那个海报太贵了，于是我打算偷拿我爸的钱去买。我爸推开门刚好看到了我偷钱的一幕。但是，我爸什么也没说，他把门带上之后就回屋了。我拿着那个钱包，一晚上没睡好，后来我把钱包放了回去。

第二天，我爸问我："阳子，你是有什么特别想买的东西吗？"他又说了一句话，"如果有什么你特别想买的东西，这是特别正常的事情，但是爸爸却不知道，导致你偷钱，这是爸爸的错。"

如今，我一想到这个画面，就感到惭愧、内疚。现在经常有人问我："你爸过世得比较早，你会不会缺父爱？"我想我是不缺的。虽然我小时候家里条件很一般，但我父母给我提供了一个非常温馨的小家，家里永远充满了笑声。我爸从不抱怨。有一次，我妈把鸡蛋煎煳了，我爸却说："哇，这个鸡蛋真是焦香四溢！"说完，我们全家都笑了。直到现在我都记得这句话，它对我的影响是深远的。

如果有一种品质是这个世界上人人都值得拥有的，那就是不抱怨。比如，鸡蛋煎煳了，又怎么样呢？凑合能吃时，要么享受这个焦香四溢的鸡蛋，要么就重新煎一份。一旦你开始抱怨，就不再是鸡蛋煎煳的问题了，你的老婆可能会生气："那你来煎！我都累了一天了，又要带孩子，又要做饭……"而你的孩子，在旁边哇哇地哭着，并且还饿着肚子呢。这样就演变成了口舌之争，这是很可怕的事情。

如果爱是一个罐子，我爸已经把那个罐子灌得满满的给了我，并且其中包含了松弛感。

🎗 轻松地养育，让孩子更豁达

很多家长想让自己的婚姻和家庭都取得满分，但这基本是不可能的事情。每个家庭都有各自的不易。首先，爸爸妈妈两个人足够相爱，就已经是一件很难的事情了，即便琴瑟和鸣，也不一定白头偕老。比如，虽然我的父母非常相爱，但我爸爸过早地离世了，这就是不圆满的事。所以，天下哪有那么多圆满的事情？我们可以做到的是，怀着把每一天过得更好的愿望，与孩子相处。我的爸爸妈妈，他们给我的家庭养育，让我身上有"豁达"这个可贵的品质。

豁达与活泼、开朗不是一回事。有的人虽然很活泼，但他完全不豁达。豁达是你要先放下一些执念，放过自己，放过别人，能做到内心自洽。

我就是一个极其豁达的人，没有什么事情在我这里是过不去的，这得益于父母对我的轻松养育。他们在面对煎煳的鸡蛋、面对偷钱的我时说的话都让我觉得，人生没有什么过不去的坎儿，没有什么事是大事。所以，我也经常想，如果我的大儿子到了叛逆期，他可能会怕我，想要偷钱去买东西。如果真的发生了这样的事情，我一定会选择和我爸爸一样的做法。我会和他共同去讨论：是不是爸爸妈妈哪里做得不够好，你才不得已做了让我们彼此不舒服的事情？我们一起去寻找更好的答案，好不好？

🎖 松弛应对紧张的家庭气氛

有一次，我刚进家门就发现家里的气氛很紧张：我妈黑着脸，我的两个孩子也不敢说话。后来我才知道，是因为酷仔考试考砸了。酷仔平日里都是他们班的前几名，学习也很认真，但那次他只考了28分。

我先仔细看了看卷子，发现其实不是酷仔的问题。卷子考的主要内容是组词。比如，"心"后面打了个括号，酷仔就在括号里面写了"脏"，按照题目要求他应该把"心脏"这个词再写一遍，即"心（心脏）"。这道题一共十组词，扣了酷仔70分，酷仔只在其他问题上出现了一个小错误，扣了2分，所以他只考了28分。

当时我妈很生气。我妈作为一名优秀的人民教师，肯定接受不了自己的外孙只考28分。我心想，一定要先把我妈和酷仔分开。于是，我先把我妈叫到房间，说："妈，咱们静下心来看一看，酷仔这 70 分丢在哪里。咱们现在让酷仔知道这种题型，后面得写（心脏），不能只写（脏）就好了，对不对，现在纠结考了多少分，有什么意义呢？"

我接着开导我妈："妈，你看，你这么在乎孩子的学习，上哪儿找你这么好的姥姥啊？"在哄了几句之后，我妈的情绪终于平复下来了。

酷仔当时也很难过。他是个自尊心很强的孩子，作为班里曾经学习最好的孩子，才考了 28 分，他肯定已经在学校里难受一天了，如果我再去批评他，他估计会讨厌自己或者讨厌学习。这两件事都不是我希望看到的。我宁愿他讨厌我，我都不希望他讨厌自己。于是，我对酷仔说："酷仔，妈妈可太替你难过了，你是不是心里挺不舒服的？"听完，酷仔的眼泪一下就掉了下来。

我说："首先，妈妈觉得题目出得有问题。其次，我觉得应该先出一道题作为例子，学生才不会产生误解。但是，妈妈还想告诉你，有时候，这个规则就是让你提前试一试，当你知道这样是错的之后，以后就不会出错了。你现在是不是知道对的答题方式是什么样了？"跟酷仔聊了几句之后，他好多了，从此之后这种题他再也没有做错过。

遇到问题时，你觉察到了什么，并做出怎样的举动是最重要的。如果你看到的是孩子那一天的紧张、委屈，就会想办法先解决问题。如果你看到的是你妈妈生气了，看到了矛盾冲突，看到孩子只考了 28 分，那么就容易让家庭产生更大的矛盾或者让氛围更加紧张。

🎖 多说"废话"，建立亲密与信任

很多妈妈在结婚生子以后，除了和孩子有关的话题，和老公就无话可说了。这其实对养育孩子十分不利。我经常会跟我老公聊些看似没有意义的话题。比如，前一段时间 ChatGTP[1] 横空出世，我俩都不了解，于是就讨论它跟我俩有什么关系，我们家将来有什么东西能用 ChatGTP 来代替。我俩讨论了半个多小时的"废话"，这个话题让我俩的话题暂时脱离了孩子。

我们现在想一想，为什么我们跟闺密关系好？其实是因为我们会在一起讨论很多"废话"。闺密之间的话题永远都是："哪个男明星长得帅？""谁穿的那条裙子特别好看！""哪个男的对老婆特别好？""谁是个冷暴力男？"……当一段关系有松弛感时，你会愿意跟对方说些废话。其实，"废话"是这个世界上最有用的话，人和人之间的亲密感和信任感就是通过聊"废话"建立起来的。

我和孩子之间真正的探讨少之又少。我经常会和我的两个儿子坐在路边吃冰淇淋，一坐就是半小时，以前是我坐在中间，酷仔、汐仔分别坐在我的两边。现在是酷仔非要坐在弟弟旁边，汐仔坐在我俩中间，我们三个人会一起聊天。我的大儿子酷仔有一次问我："妈妈，你说屎到底有没有营养？我们能不能从屎里提取出营养物质？"这样的话题难道不是废话吗？在我看来，

1　OpenAI 研发的一款聊天机器人程序。

这不仅是废话，而且还有点恶心，但是我觉得这是有价值的。

孩子在幼儿阶段，会对屎、尿、屁特别感兴趣，他们会问我们："为什么人要拉屎？人不拉屎会怎么样？会不会爆炸？"其实这些都是废话，但说"废话"其实就是孩子信任家长的表现。

我们上次聊的废话是："用手抓住屁，闻的时候是有臭味的。那么能不能把它装到塑料袋里？"我们三个人就拿了个塑料袋坐在路边，40分钟后等来了酷仔的一个屁，我们就装起来了。你们猜，那个屁有没有味道？结果是，袋子系得足够紧的情况下，那个屁在袋子里放一天都非常臭。这件事情看似没有意义，但我们三个人却十分开心，关系也更亲密了。

酷仔说过最让我骄傲的一句话是："永远可以相信妈妈。"在我看来，这句话就是对我作为妈妈最高的评价。酷仔知道，无论他跟我说多么可怕或者多么无聊的事情，无论他有什么奇怪的想法，我都不会批判他，而是会说："咱们可以先来聊一聊。"偶尔一起说些废话，其实就是在营造松弛的家庭氛围。

我经常会想象，我的酷仔和汐仔成了爸爸后的样子。我时常告诉自己，我现在做的每一件事情都是为了让他们的人生过得更好，这才是生命传承真正的意义。我营造出来的松弛的家庭氛围，就是想让孩子感受到，等他们长大以后有了自己的家庭也可以这样去做。

游戏

1. 认知情绪

在家里我们可以带孩子做认知情绪的游戏，让孩子知道开心是什么，难过是什么，生气是什么，兴奋又是什么。那么，如何带孩子认知情绪呢？

我们可以打印一些表情卡给孩子看。如果你不方便打印，也可以用笔画出一些表情卡。这里一定不要简单地告诉孩子，

这是开心，而是要把它转化为事件。让情绪和事件对应起来，孩子才能更好地感受到相对应的情绪。

"孩子，这是开心，这是笑，你在玩滑梯的时候就很开心，听儿歌的时候也很开心。"待孩子将情绪和事件联系起来，做好了情绪认知，你会发现很多时候孩子就能更好地表达出他此刻的感受是什么了，而不是什么都用尖叫来表示。

2. 一起来翻书

当孩子开始有新的不听话的"线索"出现时，你要认识到可能新的敏感期来了，也就是新的天赋时期来了。比如，一岁前的孩子看绘本都非常认真，但是到了一岁左右突然间他就不怎么认真听妈妈讲故事了，他开始只对翻绘本感兴趣，自己一个劲地开合个不停。这时候你千万不要觉得宝宝是不听话了，或者不爱读书了，而是手部敏感期到了。你需要做的是把翻和读分开做。每天早晨起床，我们可以带着孩子专门来翻书。"宝宝，我们一起来翻书吧！"带孩子多翻几次，多开合几次，你会发现当他的手部敏感期的翻动需求被满足时，他就能更认真地听你讲故事了。

第二章

读懂你的孩子

常见的育儿误区

身为一名经验丰富的早教课程研发人，我见过很多新手爸妈，也帮助过很多被育儿问题困扰的家长。

他们想不明白，养个孩子怎么就这么难。更让他们受挫的是，有时会莫名其妙地掉进育儿误区，错误地引导孩子，甚至对孩子造成可怕的伤害。

🎗 误区一：拿孩子跟别人比较

日常生活中，最常见的育儿误区就是"比较"。很多家长拿"孩子间的比较"当武器，总觉得自己的孩子不如别人家的。但家长们，请换位思考一下，你身边是不是也有很多人比你强？

你身边一定有人比你长得好看，比你富有，或者比你勤于锻炼。细数一下，你会发现，95% 以上的人至少都在某个方面比你强。如果孩子跟你说，你也不如别的家长，这种感觉是不是很糟糕？

不管是小朋友还是大人，"比较"都会给人带来很强的失落感，这种感受在孩子身上表现得尤为明显。

"我不如别人"的这种想法，会让孩子走向两个极端：要么他会觉得，我不如别人，那我就放弃；要么他会想，我不如别人，我就不喜欢别人。这两个方向，都不是我们想看到的。

所以，作为家长，不要拿孩子跟别人比较。你至少得让孩子觉得"我行！我真棒！"他们才有向前的动力。

🎖 误区二：在孩子面前"卖弄"自己做出的牺牲

在北京，有一位我非常喜欢的儿科医生，她是中国儿科界非常杰出的专家，虽然已经退休了，但整个人的精神状态非常好，有一种少女般的朝气。有一回，我跟她聊天，才得知她居然是两个孩子的妈妈，而且生完老二没过多久就离婚了。她一个人带着两个孩子生活，但你在她身上完全看不到单亲母亲的疲惫感。

很多家长是用疲惫感和牺牲感，换取孩子所谓的孝顺和听话，孩子可能会觉得我妈真不容易，自己还是乖点儿好。但这种牺牲感会伴随着孩子的一生，让孩子感觉压抑，有这种情绪的人往往很难真正地幸福。

我先生是空军飞行员，因为工作的特殊性，他平时短则一两周，长则一个月甚至半年才能回一次家。虽然他回家后都会全身心地参与育儿，但大多数时候都是我一个人带两个孩子。

我经常想，父亲的位置是不可代替的，怎样才能让我的两个儿子不缺父亲的陪伴呢？我能想到的唯一的办法，就是我来当一个超满分妈妈。

所谓超满分妈妈，不是说你的表现必须超满分，而是你和孩子的感受，你们的快乐要超满分，你对孩子的爱要超满分。爱就像一个面团，你可以把它捏成各种形状。

我和孩子之间有个共识，出去玩的时候，要选择我们都想去的地方。如果上午去了孩子想去的游乐场，下午就要去我想去的咖啡厅。他们不想去咖啡厅，刚开始会抵触，但我想通过这种方式告诉他们，我们都是独立的个体，要互相尊重。

有时我累了，我会告诉孩子们："妈妈累了，没办法站起来，你们只能抬我走了。"我会直接躺在地板上，他们就开始来抬我。在这个过程中，我能休息一小会儿，他们抬我，也抬得很开心，这几分钟的时间，是我们都很享受的。在短暂的喘息之后，我会重新振作起来陪他们玩，我会发现，当他们真的过好他们的一天的时候，我的一天其实也会过得很好。

我们要的不是孩子听话，我们要的是孩子幸福，所以家长一定要记住，不管你是单亲妈妈还是单亲爸爸，还是像我一样，大多数时间都是一个人带娃，都不要带给孩子疲惫感和牺牲感。

🎖 误区三："养"和"育"混为一谈

在育儿过程中，隔代育儿是一个绕不开的话题。从实际情况来看，中国现在的社会形态里面，隔代育儿是一种最普遍的带孩子方式。现在带孩子的"主力大军"就是爷爷奶奶和姥爷姥姥们。

首先，作为父母的我们要在心态上认可这件事情，有人帮小两口搭把手也是必要的。同时要知道，爷爷奶奶和姥爷姥姥带孩子，是情分但不是本分。

其次，所有的爷爷奶奶和姥爷姥姥要明白："我是来搭把手帮忙的，不能影响或者干预小两口的育儿策略，因为他们要自己学着当父母。"

所以，我建议所有的爷爷奶奶、姥爷姥姥把"养"和"育"分开。一定要让孩子的父母先学会当父母。爷爷奶奶和姥爷姥姥负责"养"，负责孩子的衣、食、住、行。小两口要学会"育"，要带着孩子玩游戏和读书，要陪孩子聊天。"养"和"育"分开，是非常好的一个养育策略。

我想强调的是，隔代育儿的问题被很多文章妖魔化了，人们总觉得隔代育儿一定有巨大的坑。但中国的家长们白天要上班，社会还在鼓励大家生二胎、三胎，也不是所有人的家门口都有好的托育学校。不隔代育儿，孩子谁带呢？

🎖 误区四：不允许孩子哭

每个孩子都会哭，但你会发现，有的小朋友的哭是"哇——"的一声，哭完马上就可以投入下一场游戏。有的小朋友哭一会儿停了，过了一会儿又哭，感觉没哭完，这种断断续续的哭声是很可怕的。这种情况，一定是家里有人在拿捏着孩子的情绪。

很多家长是孩子一哭就哄："宝宝别哭！"或者孩子一哭就吼："不许哭！"我有个不太文雅的比喻，哭泣就好比尿尿一样，如果一个人刚开始尿就叫停，这个人会出问题的。这个比喻虽然粗俗，但是很形象。所以，你一定要允许孩子哭，要让孩子哭完。

如果一个家里总听不到孩子哭，家长老是在孩子哭的时候叫停，孩子会变得更爱哭，而且这个孩子可能会在六岁以后出现更大的问题。因为六岁以后的孩子，不像小时候那样会用哭表达问题，于是很多孩子会开始发呆，会独自在角落里吃手、咬指甲，他们其实都是在表达自己的情绪，只是不再哭了，因为他们知道家长不允许自己哭泣。这是一件很可怕的事情。

🎖 误区五：父母的关系与育儿无关

亲密关系其实是亲子关系的先驱。家长要先把自己和伴侣的亲密关系处理好，才能处理好亲子关系。我希望所有的家长，在孩子面前要尊重自己的伴侣。你尊重伴侣的样子，就是你孩子未来进入婚姻的样子。

例如，很多母亲会在孩子面前贬低孩子的父亲："看看你现在什么样？孩子将来像你一样没出息。"父亲在亲子关系里是力量的提供者，他是牵着孩子的手走向世界的人，你这样去贬低你的另一半，对孩子的成长无疑是致命的打击。所以，亲密关系处理不好，亲子关系也不可能好。

误区六：眼里只有孩子，没有自己

很多人在成为父母之后，眼里只有孩子，没有了自我。在这里，我希望家长们记住，孩子不能成为家里的中心和祖宗。如果一个家总是围着孩子转，这个家迟早会出问题。

现在，很多人都不会笑了，要么本身就不会笑，要么就是根本顾不上自己的情绪。有很多家长甚至认为，孩子只要不哭就什么都好说。但其实，孩子哭完很快又笑了才是好的。这是孩子释放了情绪之后，又有了一个新的情绪小高潮。

我们常说，开心的园丁才能养出娇艳的花，不开心的家长是养不出来会笑的孩子的。所以我希望所有家长看到这里，认真想一想，最近你特别开心的事情是什么？很多家长可能会想到"孩子前两天爱读书了"，或者"孩子前两天会走路了"。但除了孩子之外，你自己有没有开心的事呢？你最近有没有锻炼身体，照顾好自己的精神？有没有买到一条漂亮合身的裙子？有没有和三五好友出去聚聚会？想一件跟孩子无关的开心的事情，这对你特别重要。

很多家长也许会说："我哪有这个时间呀？"时间就像海绵里的水，挤挤总会有的。无论你怎么挤，都一定要挤出自己的时间。你的笑，应该有一部分与孩子无关，你要成为自己开心的源泉，这是让一个家庭有良好氛围至关重要的因素。

🎀 误区七：预期太多，给孩子设限

很多家长都觉得，孩子生下来就是一张白纸。我要告诉大家，孩子根本不是一张白纸。你只要去月子会所或者医院里随意观察一下，就会发现，很多小朋友刚生下来的时候，他们的气质类型是不一样的。有的小朋友的哭声可能非常尖锐，有的小朋友却总是很温和、很乖巧。事实是，孩子们天生都带着自己的底色。

那么，如果孩子的底色和你的预期不一样，你要换他的底色吗？我想告诉家长，无论你想不想，这是生命的密码，你是换不了的。它不像你做项目，可以预想这个项目要投多少钱，我的预期回报大概是几倍。如果非把孩子比作一个项目，那么这个"项目"的一切都不可控。

你在一个项目里投入一些资金，至少还有机会获利。但是如果你带孩子出去玩，花了80块钱买了张门票，你不仅没有利益回报，他还可能会闹得你鸡犬不宁，让你的心情糟糕透顶。所以，作为家长，我们不应该对孩子有过多的预期。

每个孩子背后都有很大的潜能，他们的人生应该是不设限的，家长更多的应该是给自己预期。比如，我经常想，今天出门不管孩子们玩得怎样，我自己必须把这个地方玩透！这种给自己的预期就好达到得多。

又如，跟孩子一起读书时，不管他们喜不喜欢这本书，你自己得先读明白了。与其预设今天孩子必须在几本书上认识多少字，不如预设自己每天可以陪孩子多长时间、读多少书、享受多少亲子时光。你会发现，当你对孩子的预期变成对自己的预期时，你的孩子也会随着你的进步而进步。这个预期变成了你们的体验和经历，变成了你们的快乐之后，孩子的上限是无穷尽的。

破除了这些误区，相信很多家长对养育孩子会更有信心。但是，这也仅仅是我总结出的几个常见误区而已。还有很多的误区和疑惑，需要家长们在养育孩子的过程中自己去发现。毕竟，只有实践才能出真知。

妈妈们，当你们生了孩子之后，你们的生活会有翻天覆地的变化，不只会有好的事情发生，也会出现很多糟心的事情。生孩子之前，你们可能不会想到生孩子之后是什么样的。

我们经常说，成为更好的父母是为了自己有更好的体验。生孩子之前，我们要先过好自己的生活，先成为快乐的人；生了孩子后，要成为有更好体验的人，你们的孩子一定会随着你们一起变得更好。

　　与其给孩子设置上限和预期，给孩子画上条条框框，不如陪着孩子一起拥抱彼此更快乐的人生，这才是我们摆脱育儿误区的心法。

看见孩子的底层性格

　　我在线下的讲座、面对面咨询，以及直播间里遇到过很多家长，他们总说："老师，我家孩子性格一点儿也不好。"我很不喜欢听到这句话，也十分不理解，凭什么由你们去断定孩子的性格好不好呢？你们确定自己看到的是孩子真实的性格吗？

　　一般来说，孩子的性格会有好几层，比如表层性格、里层性格、底层性格。很多人表层性格是非常开朗的，但底层性格可能无比敏感自卑。所以，每个家长都不能轻易做出评判，说自己的孩子性格好不好，因为你根本不知道，你看到的到底是孩子社交时偶然展现的表层性格，还是敞开心扉后的底层性格。

🎗 性格没有好坏之分

　　我经常跟家长讲，评价孩子的性格是个陋习，不要妄图剖析孩子的性格，因为你看到的很可能只是你孩子的表层性格。性格本身没有好坏之分，好比双眼皮和单眼皮。

　　唐僧师徒四人性格鲜明，一个人一个样。猪八戒性格大大咧咧，毛毛躁躁爱惹祸，但是在生活中，他这种人会有很好的人缘，很多人会喜欢他。孙悟空能力强，一个跟头就是十万八千里，路见不平还会拔刀相助，但他性格急躁，行为容易过激，给取经队伍惹了不少麻烦。你能说他的性格不好吗？在生活中，这样的人往往是讲义气的代表，会是很多人向往的朋友。

　　所以，性格是没有好坏之分的，只有适不适合自己人生的性格，我们每个人过好自己的人生就好，不要去随意评判他人的性格。家长一定要记住，孩子的性格只有你说它不好时，才会真的不好。

　　我曾经做过一档电视节目，在节目的录制现场帮一对兄弟做面对面咨询。十岁的哥哥沉默寡言，三岁的弟弟能说会道。这家的爸爸妈妈就一直在哥哥面前说"你看你弟弟的性格多好"。但是当这家人走的时候，是这个哥哥帮家人拿包，帮妈妈把围巾戴在脖子上的。

　　我当时在现场就落泪了。我真的希望家长能看到孩子身上的闪光点，内敛沉静的人并没有什么不好的。如果我的儿子在我起身的时候，会提醒我拿包或者帮我戴围巾，我会幸福感爆棚。但有些家长看不到这些，他们只会觉得"你为什么不爱说话、不爱笑？"

我在上面，已经提到了"笑"。很多人觉得笑容必须是挂在嘴上的那种，其实不然。孩子不一定得笑出声来，但至少他是放松的、舒服的，是不紧绷的、不压抑的，他愿意和你待在一起。我每次回家时，我的小儿子都会跑过来抱住我，他的情绪是极度绽放的。

笑是一种幸福感和充实感的表现。有的人脸上没有笑容，但他本身是幸福的，他的情绪是松弛的，这就是他在生活中的笑。

🎗 故意制造困难练不出抗压力

中国的家长特别喜欢说："这代孩子要完了！这代孩子比上一代差！电视、电脑、手机会毁掉我的孩子！"家长特别恐惧和反对的这些东西，其实都没有毁掉我们的孩子，一个不好的家长才会毁掉自己的孩子。

有人曾问我："阳子老师，我家孩子五岁了，我是不是应该培养他的抗压力？我是不是应该故意让他输，或者给他一些打击，让他体验到失败的滋味？"家长们总觉得孩子的抗压能力是要培养的，所以很多家长会故意让孩子体验到困难和失败。

例如，我曾看到一则与"三岁裸跑弟"有关的新闻：一个三岁的小孩，光着身子，连袜子都没穿，在雪地上跑步。孩子的爸爸则穿着棉袄，跟在孩子身边拍视频。孩子一直伸着手，哭喊着："爸爸，抱抱我，冷！"他爸爸却无动于衷，让孩子继续跑。如果你看到过这个孩子一路成长的经历，你会非常惊讶。"五岁开飞机，八岁上大学，十二岁研究生毕业。"看起来很让人羡慕，但如果真的剖析其中缘由，你会发现，这所有的一切不过都是父母为了让自己的孩子看起来不一样，特意去做的履历。

我先生是空军飞行员，我一问便知，孩子开的飞机就像我们在驾校试驾一样，他只要握着方向盘，旁边有人替他操作；孩子大学考的是只要交钱便能上的专业；孩子研究生读的是只需要去旁听一个月就能拿到同等学力证书的研究生，也就是说，这个孩子相当于从来没有上过学。

所以你会发现，这种极其想让孩子有抗压力的父母，都在追求自己面子上的成功，想让孩子给自己带来所谓的成就感。一个人的人生会面临多少打击往往是看不到的，说不准你的孩子在学校面对的打击比你想象中多得多。你的孩子在你看不到的角落里独自坚强着，只有你觉得自己一定要给孩子打击。

真正的抗压能力，是从孩子身体里来的。如果你真的想让孩子抗压，你可以常带孩子去爬山、跑步。这种从脚后跟长起来的身体和骨骼的力量感，才是孩子抗压能力的来源。

🎖 塑造孩子，不如塑造自己

有的家长总想塑造孩子的性格，但你不是人生大师，你能塑造的只有你自己。如果把人生比作一块橡皮泥，你要做好的一件事情，就是捏好自己的人生，捏出一个样子后给孩子看，让他觉得："这样的人生不错，那样的人生也可以，我要试试看！"你给孩子树立了榜样，他自然就会跟着你走。至于如何塑造好自己，我有以下三个小建议。

1. 不让自己的"短板"影响到孩子

我学过的那些专业知识让我知道，月子里的妈妈必须照顾好自己，月子期间，所有人都要围着妈妈转。但出了月子以后，妈妈就不再是重点保护对象了，是要真的开始当母亲了。妈妈需要开始跟孩子互动，跟孩子玩，带孩子做游戏、读书，妈妈的"短板"会对孩子产生深远的影响。

生了大儿子酷仔之后，出月子的那天我想了一夜："我的人生有什么'短板'？"结果发现我最大的问题就是很讨厌锻炼，而且有些爱好很低俗，我喜欢躺在床上吃辣条、追剧。我知道，我不能因为自己的"短板"，让我的孩子受到不好的影响。我的孩子可以不爱运动，但他得有爱上运动的机会，因此我必须让他知道运动的好处。

所以，即便我不喜欢运动，即便我是酷仔幼儿园跑步比赛里跑得最慢的一个妈妈，我也会使劲儿跑。而且酷仔长大一些之后，我会每周带他去远足、爬山，跟他一起游泳，一起玩轮滑，一起打篮球。实际上，直到现在，我内心也没有爱上运动，但在我讨厌的事情和我的孩子之间，我要选我的孩子。

我带孩子运动时对孩子并没有预期，也没有想要通过我的努力让他爱上运动。哪怕他和我一样非常讨厌运动，也无所谓。但我不能让我的"短板"影响孩子的人生，我得让他有机会爱上运动。结果就是，酷仔现在非常爱运动。

另外，你的"短板"一定要加个引号，因为它们都可能成为你的长板。比如，内向性格真的不好吗？其实不是的。我们前面讲到的那个会给父母拿围巾的小朋友身上就有着非常厉害的闪光点。我在多年的工作、生活中观察发现，很多班级里最受欢迎的孩子可能是那些外向的孩子，但人缘最稳定、最被人信任的，一般都是那些偏内向沉静的孩子。

有些事情没有长、短板，换个角度看，短板就是长板。你要做的就是找到自己人生的"短板"，并正确看待它。

2. 尊重自己不能改变的地方

家长在塑造自己时，除了不能让自己的"短板"影响孩子，也要尊重自己不能改变的"短板"。有些事情可以改，比如你虽然不喜欢运动，不爱读书，但是跟孩子一起参与，内心也不会焦虑，你就可以试试看。但有一些"短板"，我们改变时会感到焦虑。比如，很多家长问我："阳子老师，我怎样能外向一点，让我的孩子不那么内向？"这些家长社交时明明会感到焦虑恐惧，却非要强迫自己改变。孩子们是很聪明的，他们能感知到大人的情绪。家长尝试改变带来的负面影响，反倒会让孩子更加害怕改变，家长等于是好心办了坏事。所以，家长要尊重自己不能改变的地方。

3. 有自己的朋友圈子

现在，有的家长会根据孩子选择社交对象。比如，小区里这个小孩跟我家孩子同岁，我就跟这个小孩的妈妈当朋友。而且，讨论的话题永远围绕着孩子："你买了什么牌子的尿不湿？你孩子今天拉了几次？你孩子用奶瓶喝奶还是用杯子喝奶？"

家长有自己的朋友圈，让孩子看到你社交的样子是非常重要的。你要让自己身边有三五好友，你们要有自己的话题。你在社交中跟人交谈的样子，就是在给孩子打样。你跟朋友们在一起的时候，可以给孩子一本绘本、一桶积木，让他们在旁边玩耍，让孩子在不以自己为中心的生活中也能生活，这是非常重要的。

最后我想说，家长千万不要妄图塑造孩子的性格，性格不能简单地用好或不好来形容。性格就好比我们在谈恋爱时有的那种怦然心动的感觉，这个人说不清哪里好，但我就是喜欢。这就是我的性格，没有好或不好之分，只有适不适合自己的区别。

另外，家长不要因为自己性格上的"短板"，让孩子失去一些人生的可能性。同时要非常尊重自己的性格，要自洽，自己认可自己，包容自己，过上自己觉得还不错的人生。你的人生态度，就是你给孩子的最好样板。

情绪是性格加事件的衍生品

　　要想解读孩子的情绪，首先要清楚，一个人的情绪，是性格加事件的衍生品，不同的性格加上不同的事件会组成不同的情绪表现。情绪没有对与不对、好与不好，只有恰当与不恰当。

　　例如，有的家长为孩子讲绘本时会说："宝宝你看，他生气了，生气是不好的情绪。他开心了，开心是好的情绪。"但事实真的是你说的这样吗？如果家里有人重病在床，奄奄一息，你的孩子却在旁边开怀大笑，这时开心还是好的情绪吗？

🎖 尊重孩子的情绪

　　我其实特别害怕孩子会喜怒不形于色，我会觉得他的人生笼罩在巨大的压力下。成年人发泄的方式有很多，可以跑步、吃东西、逛街，但孩子发泄情绪的方式只有一种，那就是哭。你会发现，如果孩子上午哭过一场，下午的情绪就会平稳很多。因为上一场哭得酣畅淋漓，把心里的不爽、委屈全都哭出来了，他会迎来一个快乐的小高潮。

我在录一档父母咨询的节目时，一个六岁小男孩的父母说："我的孩子不爱说话，特别孤僻。"我跟这个孩子聊天，玩沙盘游戏，他也不给我反馈。追本溯源我才发现，这个家里有位控制欲极强的奶奶。孩子只要一哭，奶奶就会立刻大声呵斥他："哭那么大声干吗？不许哭！"也就是说，这个孩子是被捏着喉咙长大的，于是他的人生也被捏住了，他变成了一个看不出情绪的人。

很多时候，孩子哭都是家长引起的。试着多让孩子笑，他哭的次数自然就少了。而且，即便孩子在哭，家长也不能阻止。哭是他发泄情绪的出口，家长非要把它堵上的话，孩子早晚会憋坏的。

有的人会觉得"喜怒不形于色也很好呀，这样就能有很稳定的人生了"。但是，现在"情绪价值"是一个很重要的评分项。这个人能"知冷暖"，能给他人提供情绪价值的话，即便其他方面条件不好，他也能得到很多机会。但一个喜怒不形于色，被捏住情绪喉咙的人，是提供不了任何情绪价值的。

🎖 允许自己有情绪

家长在尊重孩子的情绪时，也要允许自己有情绪。可是，很多家长不懂得，孩子有情绪的时候自己应该做什么，孩子一哭，有些家长就会假共情。例如，我在商场里见过一个妈妈哄孩子。这个孩子两岁多，想要一个奥特曼玩具，但妈妈不给他买，孩子就躺在地上大哭。这个妈妈说："宝贝，别哭了，妈妈理解你，知道你想要。但是……"哄了三五分钟后，这个妈妈有些不耐烦，说，"我都哄你这么久了，你为什么还哭？"

可以看出，妈妈所谓的哄，只是一种口头上的说辞，却没有真的站在孩子的角度去想问题，这就是一种典型的假共情。嘴上说"妈妈理解你"，但内心的需求是"你不要哭了。再不停，妈妈可就要翻脸了"。

孩子对情绪的感知是很敏感的，他会在你说这句话的时候，立刻对你失去信任，他会觉得"你并不是无条件地爱我，你就是不想让我哭，所以哄骗我"。

真正的共情是相互理解，并接纳对方。不是妈妈单方面顺从孩子的情绪，或让孩子听妈妈的话，而是"妈妈现在有点不爽，妈妈在这儿待一会儿，你也哭一会儿，咱俩各生各的气"。毕竟，每个人都有情绪，当父母的也不例外。

还有很多家长会被一个问题困扰，那就是该不该在孩子面前争吵。我跟我老公吵架，刚开始会避着孩子，后来发现避不了，于是我们会当着孩子面争论，说出各自的情绪和生气的理由。当然，**我们会遵循三条原则。**

1. 就事论事，不翻旧账

所有的争论，都要围绕当前的事情，而不能去翻旧账。否则的话，这件事情就没完没了，根本找不到解决的方案。这对情绪的疏解毫无益处。

2. 从"你的角度"换成"我的角度"，说出自己的感受和需求

比如，有人总说："你怎么回来这么晚？你为什么又不洗袜子？"其实他们背后的需求是："我想让你下次回来早一点儿，我想让你洗袜子。"但凡我们能从对方的角度说出自己的感受，听对方说出感受和需求，就会觉得对方说得有道理，甚至会觉得自己有点过分，很多架也就吵不起来了。

3. 绝对不攻击对方

很多人会在吵架时，从一件事情上升到人身攻击："你就是个自私的人。你真无耻，你是个懒鬼，你根本不爱我。"一旦你加入这种说法，你们的争吵就会没完没了。

让孩子看到你们吵架这件事其实并不可怕，人都是会吵架的，都会有不同的意见，最后怎么解决才是重要的。

🎖 带孩子认识情绪、表达情绪、管理情绪

面对孩子的情绪问题，很多家长会有个误区，一上来就想教孩子做情绪管理，你不能生气，你应该如何如何。

家长会先入为主地认为孩子已经认识了所有的情绪，其实不然。就像小朋友第一次吃蘑菇，他可能知道蘑菇吃到嘴里的味道，但还不知道这就是蘑菇。所以当他知道自己有不舒服的感受时，可能还不知道这就是在生气，他不知道生气和激动有什么区别，生气和兴奋又有什么区别。家长能带着孩子去认识情绪、表达情绪、管理情绪，其实就是在带孩子过好自己的人生。这个过程，是要在孩子的日常生活中慢慢渗透的。

首先，家长要带着孩子认知情绪。

很多家长会选择用绘本给孩子做情绪认知，这其实不太准确，绘本中虽然也有很多情绪描述，但它们偏复杂。

一岁左右的孩子，伴随着语言的发育，会开始认识情绪。我们教他们认知情绪时，一定要用标准化、极端化的表情。对此，我推荐家长自制一些情绪表情卡片。例如，我打印过很多QQ和微信的系统表情作为情绪卡片，也从网上搜集过一些特别基础但很有代表性的"喜、怒、哀、乐"的表情，以命名的方式让孩子知道什么是生气、兴奋、害怕、担心、恐惧的情绪。看卡片时可以说："你看，这个叔叔哭了，他很难过。这个阿姨在笑，因为她很开心。"

通过直观、形象的卡片，孩子可以在头脑中形成对情绪的

认知。

其次，我们要教孩子表达情绪。

我们会看到，新闻里有遇到事情就歇斯底里尖叫的成年人，也有感到不如意就采取极端行为的年轻人，甚至有夫妻双方都不开口说话，一个巴掌就扇过去的家暴者。他们之所以这样，其实都是因为他们不会说出自己的情绪。所以，让孩子说出自己的感受，这是非常重要的。任何事情，只要能说出来就不是大事。

在读绘本、看卡片或者做游戏时，可以试着让孩子说出一个跟情绪相关的事情。例如，在读绘本时，可以说："宝宝你看，绘本里的这个小朋友很开心，宝宝什么时候会开心？宝宝吃冰淇淋的时候会开心，宝宝玩滑梯的时候会开心。"也可以说："宝宝你看，这个小兔子很难过，你有时候也会难过。前两天你就因为一件事情难过了。"

其实，孩子不知道自己为什么爱哭，在不完全具备说话的能力之前，他们不会说"妈妈要走了，但我不想让妈妈走"。哭泣就是他们的语言。所以，孩子哭是再正常不过的事情了。

很多家长怕孩子哭，主要是怕丢自己的面子，害怕别人看到孩子哭了就会觉得自己不是好的父母。但谁家的孩子不哭呢？这个时候，家长可以试着把自己置身事外，好好欣赏一下，孩子哭时面部线条和肌肉的抽动，他眼泪落下来的样子。从审美的角度，你也许会觉得那是一件精美的雕塑品。你会发现，面对不同的事情，孩子哭的方式也不一样，有时是边哭边吼两嗓子，有时是小声抽泣，有时是痛彻心扉地大哭，如果你把关注点放在孩子的哭上，细细地去体会其中的不同，你甚至会觉得很有意思。

情绪表达不仅仅是让孩子说，更多的是需要家长在孩子哭的时候说出他的需求。所以，我经常给父母讲，下次孩子哭的时候，你替他说出来："宝宝你是不是特别不喜欢这件事？""你特别想买奥特曼但没买到，所以你很难过对不对？"说出孩子的情绪，说出你们现在的情况。过一段时间，孩子有了语言的累积之后，他就会用说出来的方式，代替尖叫和哭泣，事情就会好办很多。

最后，我们要教孩子做情绪管理。

家长不要太早期待孩子能管理自己的情绪，至少两岁以后，孩子才能真正开始学习所谓的情绪管理，因为这个时候孩子才有表达自己情绪的能力。

我们要教孩子，当一种情绪让他不舒服时，应该怎么去处理。我们得让孩子正视自己的情绪，告诉他，每个人都会生气、难过、不开心。孩子有权利生气，但不开心的时候除了扔东西，还可以做些其他的事情。

我就明确地跟汐仔讲过："摔东西是很不好的行为，可能会伤到自己，破坏的东西是有价值的。有些东西价值很小，像一张白纸，我们可以把它撕了或者在上面涂画。但如果你把价值很大的东西摔坏了，比如玩具、遥控器等，这会给生活带来不好的影响，就是不可以的。"

所以，我带着汐仔看完《我的情绪小怪兽》后和他讨论："如果你生气了，你想怎么办？"他自己选的是"我要使劲儿踩脚，使劲儿撕纸"。他现在生气了真的会踩脚或撕纸，但过了一会儿之后他会说："呀，我好一点儿了。"或者他还会生闷气，坐着自己玩一会儿，但不会摔东西了。

家长们要知道，大部分孩子都会经历用摔东西、扔东西来表达自己的愤怒的时期，这其实也是一种空间敏感期和手部敏感期的叠加。孩子手里拿起一个东西抛出来时，他会觉得自己很厉害。同时，这个动作也能表示他在生气，这种破坏感会让他心里面觉得好受一点。这也是为什么有所谓的"破坏屋"，让我们去扔瓶子发泄。

情绪价值是孩子把人生过好的重要前提。无论他学习有多好，多么博览群书，如果他是个情绪失控的人，或者不知冷热的人，他这一辈子是过不好的。

家长们要知道，千万不能奢望自己不带孩子做情绪管理，孩子就自然会管理情绪。当然，你发现孩子说得有道理时，要去调整规则，接纳孩子的情绪。一定要能够在孩子面前展现出你处理情绪的样子。这其实是让孩子了解"自己该怎么办"最好的样子。

找到天赋，孩子更聪明

家长们都很关心一个问题，自己的孩子聪不聪明？什么样的孩子是聪明的孩子？

如果我们把不同的孩子比作金字塔，塔尖的孩子就是我们所谓的小天才，塔底的孩子可能是一些有先天性疾病或者发育迟缓的孩子。剩下的绝大部分都是普通孩子，也就是塔中间的孩子。

我会经常给家长讲，不要妄想自己能生出一个小天才。因为不同的孩子需要不一样的养育策略。从某种意义上说，生一个塔尖的孩子，有可能是一件很可怕的事情，这是我们无法通过看一本书，学习一个专业带出来的。很多塔尖的孩子会有其他方面的问题，你会每时每刻都找不到方向。当然，塔底的孩子更难，他们需要家长付出超出常人数倍的努力才能快乐成长。我非常庆幸自己生了两个塔中间的孩子，养育他们并不会耗费我太多的精力。而我这本书，也更加针对普通的小孩和普通的养育者。

🏅 "聪明" 是个复杂的系统

很多家长对聪明的定义是，我们家孩子特别机灵，但就是不好学。实际上，这样并不能算是聪明，聪明的孩子一定是好学的。聪明和机灵是不一样的。家长千万不要把抖机灵当作聪明，这两年，我总会听到很多小朋友说一些网络流行词汇，这时，很多成年人会说："我们家孩子真聪明，会说这样的词。"但这哪能叫作聪明呢？

我们通常讲的"聪明"是一个特别复杂的系统，是由专注力、认知力、记忆力、思维力、感统力、表达力和社交力这七项能力构成的。这七项能力的排序很有意思。

第一，专注力是基石。

黄金千两，不换孩子专注一刻。当孩子认真地在玩水、捏土、玩一个破纸箱时，千万千万别打断他。一个人要想在学习、生活、恋爱、婚姻中有所成就，他必须得专注，必须先坐得住。他不用对所有事情都认真，但他得有自己认真去做的事情，这是特别重要的。

你会发现，三个月大的孩子，干什么都没有吃手认真。我曾见过一个孩子，九岁了，还是完全坐不住，在课堂上小动作不断，一两分钟就要动一下。追溯根源，是因为他的外婆有洁癖，接受不了孩子吃手这件事，所以只要他一吃手，就会把他的手拿开。

人的大脑就像一台高速运转的计算机，当计算机在高速运转时，你把孩子的手拿开，就相当于"啪——"地把电脑关机了，你说说看，这对电脑的损害有多大！当我讲到这里时，那个妈妈哭得特别伤心，因为她的孩子不是不聪明，而是主机已经在小时候被毁掉了。

第二，认知力的培养越早越好。

认知是辆"人力车"，千万不要觉得你不教，孩子长大了自然就会了。这绝对不是危言耸听，我甚至见过六岁了还不认识红色的孩子。认知这件事，包含着孩子人生的底层自信。从孩子八个月开始，就要让他认知事物，时间越早越好。

第三，记忆力是拉开孩子差距的密码。

上小学的孩子，有的 5 分钟能背出一篇课文，有的一天也背不下来一段话，是因为孩子不认真吗？其实他可认真了，只是孩子的大脑架构没有做好，记忆力没有构建好，所以与同龄人拉开了差距。

第四，孩子有思维力才能学会解决问题。

孩子在一岁以后会进入一个求知期，他们凡事都想知道为什么，想去探究怎么回事儿。孩子甚至会去创造困难，寻找解决问题的方法，这时他们就在发展思维力。

第五，感统力是孩子生活舒适的基础。

很多家长把感统想得很深奥，认为感统失调都体现在一些大事上。实际上，感统是孩子生活是否舒适的基础，孩子晕不晕车就是由感统决定的。所以，感觉系统好了，孩子身体才能发育得更好。

第六，表达力不要追求开口早。

在孩子学说话这件事情上，不要追求孩子说得早、说得多、说得快，要追求孩子能表达自己所想。任何表达都是有目的、有功能的，孩子能说出自己的想法，表达基本需求欲望以外的东西，才是表达力真正的开始。"我想喝奶。"这是基础的需求欲望。但当你的孩子开始说"我觉得牛奶很好喝，我觉得小兔子很可爱"时，就是评价性的表达了。

第七，社交力是拥有不错人生的前提。

孩子两岁半以前，主要和家人生活在一起；两岁半以后，就正式开始和同龄人社交了。社交是孩子能够好好生活、拥有好的人生的前提。所以尊重孩子在社交中的每个敏感期，让孩子能在社交中做到自洽很重要。

🎗 每个孩子都带着天赋

每个塔中间的孩子，其实都是聪明的孩子，他们都拥有自己的天赋。这些"普通孩子"样本最大，潜力无穷，我们有很多教养他们的知识和方法。要想做好孩子的早期教育，家长起码要做到不糟蹋老天爷给的天赋。老天爷给每个孩子都准备了一碗饭，你不把这碗饭打翻，就已经成功了一大半。

比如，孩子在八个月左右会出现很多新的特征。他会开始捡地上的头发丝儿和小米粒。很多家长会说："我们家孩子变得不爱干净了，突然多了很多坏习惯。"但其实，这是孩子到了专注力发展的重要时期，我们称之为细微事物敏感期。

这个时候的孩子，看到小狗时，眼睛里看到的不是小狗，而是小狗身上的毛，鼻尖上的小亮光，嘴里的那颗牙，是一些小的东西。这个时候，你是会说"不要弄了！太脏了！"还是带着他去捡小的东西，带着他看绘本里那些花丛中的小蜜蜂，蜜蜂身上的小花纹，小花纹上面的小亮光呢？

很多家长说："我家孩子特别聪明，但是他玩什么都是玩两分钟就不玩了。"其实不是。聪明的孩子得先坐得住，愿意探索世界，认识什么是长，什么是短。这是红色，这是蓝色；这是小狗，这是小猫。愿意记忆"今天发生了什么事"，会回想"这回看到的长颈鹿还在哪本书里出现过"，会思考"这是几个苹果，为什么是这样，怎么解决这个问题"，他们会很好地表达，正确地与人交往，知道自己想跟谁玩，懂得社交的策略。

当然，每个小朋友的天赋是不一样的。家长可以通过前面提到的七项能力去判断孩子在哪方面更擅长。比如，孩子到了会数数的时候，你会发现你的小朋友突然有一天盯着绘本上的数字说"妈妈，这是几？"或者说"一个，一个苹果"，这就是老天爷"送饭"来了，就看你是选择接着那碗饭，还是把那碗饭打翻。

　　即便是一些家长很不喜欢的举动，有时候可能也是孩子的"饭"。比如，大部分家长都讨厌孩子顶嘴，但正确的顶嘴，说出自己的感受，懂得据理力争，是孩子身处金字塔尖的表现。

　　而且，七项能力是会互相影响的。比如，专注力是我们讲的"元能力"。一个孩子但凡坐得住，其他能力都会相对比较好。例如，我的大儿子酷仔专注力好，所以慢慢地，他其他的能力也发展得不错。我经常会用各种方法夸他："我怎么能生出你这么好的孩子呢？这是我的荣幸。酷仔，你不知道，妈妈一想到我有你这么好的儿子，晚上高兴得都睡不着觉。""宝宝你看，这套'三国'妈妈才给你买了三天，你就读完了。天哪，你以后一定会是一个大文史专家。"我夸他时，会激发他的兴趣和热情。

　　汐仔的专注力也很棒，我们两个一起看绘本，一看就是40分钟。但他最突出的是社交力，在任何场所，他都能找到小朋友加入游戏。而且他特别乐于跟别人分享自己的想法，也很会关心他人的感受。因为他现在才三岁，现阶段他最爱的人就是妈妈，所以大多数时候他最关心我的感受。但综合起来我会发现，每个孩子都会有不同的特长，没有哪个好，哪个不好。

所以，家长千万不要期待，孩子必须样样都好。没有这样的孩子。孩子的各项能力是自然发展的，你会逐渐发现老天爷赏给他的"饭"是什么。

如果你觉得你的孩子不聪明，一定是你的判断力出了问题。要么就是你没有发现他感兴趣的东西；要么就是你破坏了孩子的专注力，毁掉了孩子的聪明。

🎗 做浇灌的园丁，让孩子自然成长

很多家长把亲子关系当作一切问题的出发点，一个劲想着，要学会怎么跟孩子沟通。其实，家长们得先打心底里知道，问题背后的原因是什么。

例如，孩子之所以会捡掉在地上的头发丝儿，会总盯着小的东西，是因为他们到了细微事物敏感期。孩子开始学会发音时，你应该多跟孩子说话，因为这时他们到了听音敏感期。孩子两岁时开始变得"不听话"，其实执拗恰恰可能是他这辈子自尊、自信、自强的基础。如果你选择打压他，就是在打翻老天爷给他的饭碗。

所以，我们要学习从早期教育的角度养育孩子，懂得相应的知识和技巧，你会发现，每天的生活都是新的期待。

要想找到孩子的天赋，家长只需要做个浇灌的园丁就行了。

所有的孩子都是未知的种子，你不需要预设他们是娇艳的花，还是参天大树，会结出苹果还是梨。不要去想孩子哪方面比较强，要关注孩子生长发育的生命密码。你要学习的是种子的每个关键时期是什么。

每个孩子都是带着七碗饭来的，我们要做的就是，在这七碗饭来的时候接住它们，至少不能打翻了。有可能的话，再加入更多的原材料，让这些饭更香。你会发现，当你把饭都接住的时候，孩子会利用他的天赋和后天教育所得，呈现出在各个方面都更舒适，让他自我感觉更良好的人生。

引导孩子的行为，把"坏事"变好事

很多父母养育孩子，其实是在用自己的经验，实现自己的蓝图。例如，大部分家长都希望自己的孩子大方一点。很多家长说："我们家孩子几个月大的时候可大方了，你让他把奶瓶给妈妈，孩子就给。现在一岁半了，反倒变得自私了。"

其实，家长们并不了解孩子。有很多小朋友在一岁多的时候开始出现抢东西的行为，同一个时期出现的行为还有执拗，这是因为这个时期，孩子开始展现自己的占有欲，孩子的自我意识开始萌发。

糖是我的，我要握得紧紧的，我要保护我的东西，这个东西"是我的"要比"是别人的"好，拿到了我就更高兴。这是多厉害的一件事呀！

很多时候，家长会因为不了解孩子，主观上又不喜欢孩子的行为，就给孩子的行为扣一个不好的帽子。家长觉得捡东西、抢东西会伤自己的面子，于是，会为了七大姑八大姨或者邻居的一句"你们家孩子真大方"，就逼着孩子去分享。我现在问大家一个问题，如果要你分享的是孩子的自信，孩子的人生，你还愿意分享吗？

所以，我们一定要尊重孩子在不同时期的行为。当孩子意识到"这是我的，不是别人的"，是他们在学着捍卫自己。孩子大方是四岁以后的事情，他们会自己评估思考，"我把糖给了这个小朋友，这个小朋友就能跟我交朋友。交朋友这件事会让我高兴。妈妈以后还会给我买糖，我愿意跟朋友分享"。这才是他们学会的真正的大方。

🎖 与其培养行为，不如学会引导

与其培养孩子的行为，不如学着去引导孩子的行为。培养往往是指让一朵花成为一朵好花。但引导是指："我虽然不知道你开什么花，结什么果，但我持续给你浇水、施肥，静静地等待你自然生长。"

要想学会引导孩子的行为，有两点很重要。

第一，你要了解你的孩子。

当你看到这里时，其实你已经释放出愿意了解孩子的行为的信号。我非常感谢你，也替你的孩子感到幸运。对孩子了解越多，引导的针对性才越强，效果才会越好。

第二，你要让自己、让生活变得有趣起来。

有一次，我一个朋友来家里玩，她的孩子跟我孩子差不多大，就想看看我是怎么带孩子的，当时我的小儿子汐仔还不满十个月，正是满地爬，捡头发丝、小米粒的时期。我就把溶豆搓碎了，撒在爬行垫上，汐仔会捡起来吃，而且吃得非常开心，因为他喜欢小的东西。我俩在旁边聊了 15 分钟，汐仔就捡了 15 分钟。

我那个朋友是大学数学老师，她平时非常严谨，所以看到汐仔的举动时，她非常诧异地问我："小孩子这样不脏吗？"我说："孩子处在这个时期就是喜欢到处爬、捡东西，你不让孩子捡，孩子就不捡东西吃了吗？再说，家里每天都做基础的清洁，能脏到哪儿去呢？真正可怕的是病菌，不是细菌。要让孩子在一个有菌的环境里长大。"

那个朋友走的时候说："我突然很羡慕你的孩子，我从来没有想过把东西碾碎扔在地上让孩子捡，现在想想，这件事情真的很好玩、很有趣。"

所以我真心希望所有家长们给自己的生活创造一点乐趣，这样在孩子的世界里，他们会觉得"我捡的东西吃到嘴里还挺好吃的，有草莓味儿，还有奶味儿"。孩子在地上捡的东西够多了，他就不会捡了，撕废纸撕够了就不撕了。尊重和引导孩子的行为，带来的好处就是，孩子的每个敏感期都会过得特别顺畅。

我总相信，在童年尝过糖的人，会让自己和他人的人生都过得更甜。所以，我会有目标地带着孩子在每一天中体验一些乐趣，做一些我觉得好玩，他们也觉得有意思的事情。比如，汐仔一岁多的时候特别喜欢撕纸，我们就带着他撕纸。后来，八岁的酷仔也加入进来，我们撕了 45 分钟，撕出一小盆废纸。然后，"哗——"地撒起来，就像下雪了一样。

后来我们三个人一起躺在地垫上睡着了。现在回忆起来，那个夏日的午觉，是我睡过的最香、最漫长的一个午觉，因为我们真的玩得很累，笑得很开心。

所以家长们，你们可以试着引导孩子的行为，而不是培养。当你看到孩子喜欢做一些你所谓的坏事时，怎么把"坏事"变成对孩子有无限好处的好事很重要。

🎖 孩子幼年逆反期的两大真相

孩子很小的时候，有些行为是难以预测和控制的。比如，孩子总是会莫名其妙地发脾气，家长让他往东，他非要往西。

也有家长问我："孩子总惹我生气怎么办？孩子不孝顺怎么办？孩子不配合怎么办？"其实这是孩子在度过幼年的逆反期，在这个阶段，家长要明白三个真相。

真相一：我要自己做主。

孩子第一个逆反时期，是著名的"Terrible two"（可怕的两岁）。 家长会问孩子："我们去洗澡好吗？"孩子会说："不要。"他是真的不想洗澡吗？其实不是。他就是想对家长说"不"。你可以把这理解成很多恋爱中的女孩子说的"不"，她们其实是想要自己说了算。

所以，首先不要把这个时期孩子的"不"当真，更不要给孩子扣上"不听话"的帽子。

其次，要给孩子选择权，帮助孩子把判断题变成选择题："宝宝，等会儿你想带小鸭子去洗澡，还是带小狗去洗澡呢？""宝宝今天出门想穿红色的鞋子还是白色的鞋子？"当你给孩子选择题时，你会发现孩子会特别骄傲地做出自己的选择，他会觉得"本宝宝自己说了算！"他会很享受这件事。

真相二：孩子的秩序敏感期。

很多家长会觉得很奇怪，为什么孩子会因为一些非常小的事情崩溃？比如说，我们家吃饭时，通常是我坐在一边，我先生坐在另一边。而且大部分时候我都在家，我先生常常不在家。有一次，我不在家时，我先生坐了我的位置，两岁半的汐仔就崩溃了，他哭得喘不过气来。我先生后来问我："他这是怎么了？"其实，这就是到了秩序敏感期。

孩子的秩序敏感期是指，当一个东西发展的先后顺序或者空间位置、所属关系跟自己平常的习惯不一样时，孩子就会崩溃。比如，平常都是妈妈帮我穿鞋，今天爸爸帮我穿，我就会崩溃。或者这是我妈妈的位置，爸爸不能坐。

很多小朋友每天都期待着按电梯。很多家长不明白为什么按电梯这件事情对小朋友来说这么重要。"今天出门的电梯是由我按的，如果是别人按的，我就要回去重新按一次。"这也是秩序敏感行为。

真相三：三岁前的孩子不会无理取闹。

很多家长特别爱说："你这个孩子怎么总是无理取闹？"之所以有这种想法，其实是因为家长们没有搞明白秩序敏感行为和无理取闹的差别。

比如，有个家长告诉我，他们家和孩子的奶奶家离得很近，他们每次出去，都会先去奶奶家一趟。有一天，他们出门时特别急，没有时间去奶奶家了，可孩子还是坚持要去。家长就对孩子说："你这孩子怎么这么无理取闹？"

实际上，这不是孩子无理取闹，而是孩子典型的秩序敏感行为。每次都去奶奶家，为什么今天不去？在这种情况下，妈妈其实应该反思："今天这么匆忙是谁的问题？"假如我是这个妈妈，我能理解孩子的这种行为，就会先跟孩子道歉："对不起，今天妈妈真的没有时间，改天咱们再去。"

尤其是三岁以前的孩子，他们的每个行为都是有理的需求，没有什么所谓的无理取闹。三岁前的孩子，看到一个新玩具就要买，这不是无理取闹，而是孩子的过度要求。所谓过度要求，是孩子的需求超出了一定的限度。他们之所以有这些要求，是因为他们不懂得如何约束自己的欲望，也不会讲道理。

🎖 不听话的孩子会有更好的人生

孩子的逆反，说明他们有自己的思想，有自己想做的事。一个孩子，如果只是一味地听话，他在长大成人之后，很可能不会拒绝，会成为一个任人摆布的木偶。我们现在想一想，听话的孩子听的是什么话？他们在听谁的话？如果孩子听父母的话，你的人生不就是他的人生吗？如果他总按照你教他的方式去生活，他是过不了比你更好的人生的，你的人生也许就是你孩子的人生上限了。

比如说，我的大儿子酷仔每个星期都会去书店看书。我会给他定一个买书的预算上限，但他有时候会超出预算。好比他买过一本张召忠的《进击的局座：悄悄话》。这本书也超越了我对十岁孩子的认知。那时他对我说："妈妈，我已经看过这本书的导读了，我觉得我读得懂，但是这本书有点儿超出预算了。这样行吗？下周我买便宜一点儿的书，或者下周我只看不买了。"我说："没问题。"事实证明，他后来看这本书看得特别认真。

有的家长会担忧："孩子把这本书买回去，打开之后真的看不懂，怎么办？"这样的情况当然会有，但它不是买不买书的决定性因素。试想，你就没在网上买过拿到手后很失望的东西吗？以后为了避免失望，你就不再买了吗？

听话的背后其实是妥协、恐惧、被控制、压抑。一个听话长大的孩子，他这一辈子都会受尽委屈和压榨。所以，在我看来，千万不要让孩子太听话，更多的是，我们自己要先成为更好的父母，过好自己的人生，你跟孩子应该共同去探索，彼此配合。

很多家人很讨厌孩子犟嘴，但我的小儿子汐仔第一次跟我犟嘴时，我都恨不得为他鼓掌。

有个下雨天，汐仔想出去玩，但我觉得下雨天不适合出去玩，没想到他对我说："妈妈你看，小猪佩奇喜欢跳泥坑，跳泥坑很好玩。"他先引用了小猪佩奇的例子，然后他说"这件事好玩"。他之所以想雨天出去玩，就是因为他觉得好玩，所以我立刻带他下去踩水玩了。

总有家长觉得孩子玩水会感冒，但其实孩子没有那么脆弱，那天汐仔也并没有感冒。在我眼里，更重要的是我的孩子会"犟嘴"了。很多家长会觉得，孩子犟嘴是在挑战自己的权威，但你有什么权威呢？咱们读书时在学校也不是权威，工作了在单位也不是权威，怎么在家里就成了权威呢？让孩子能够为自己发声和表达，是非常重要的一个能力。

还有一次，我和汐仔去一个农场。那时，汐仔还不到三岁。我跟他讲："汐仔，咱们先一起喂羊驼，但那边有个很好的咖啡厅，妈妈等会儿要去咖啡厅喝咖啡，你陪不陪我去？"他说："我陪妈妈去。"

可是，我们去咖啡厅待了一会儿之后，汐仔说："妈妈，我还是很想去喂羊驼，羊驼真的很可爱，我还没有把我的胡萝卜喂完。"我一听觉得很有道理，胡萝卜的确还没有喂完，于是我们就去喂羊驼了。喂完以后我问汐仔："我现在很想喝咖啡，我的咖啡还有半杯没喝完。"于是，他又跟我去喝咖啡了。

家长和孩子互相妥协，这绝对不是一件坏事，人就是在听取别人的意见、妥协与探讨更好的方案中不断进步的。孩子的人生中，最重要的事情就是要学会为自己发声，要说出自己的想法，成为独立的人。

孩子是立体的，你看到的是这一面，但允许孩子犟嘴，你就会发现孩子的另一面。当孩子和你一起从立体面看待事物时，你就会发现，你们更了解彼此了。

读懂孩子，让亲子关系更融洽

我们可以把孩子的行为和生活比作一个画展。很多家长会把自己当成展览的举办方，这里要挂一幅《向日葵》，那里要挂一幅《星空》，总想控制画展的一切，但这样是不好的。展览的举办者只能是孩子自己。我们自己要先买一张了解孩子的"门票"，这张"门票"可以是和孩子一起做游戏、读书，可以是拥抱你的孩子、亲吻你的孩子，有了"门票"，你才能走进画展，成为"展览"的观众，成为孩子人生展览里的探索者。

在孩子的画展里，请你心存敬畏，因为每个孩子的"展览"是不一样的。如果你总说"你这个画展办得不好，别人的画展办得更好"，孩子会不希望你进来看的，他们会想，你觉得别人的画展好，就去看别人的。我的画展只欢迎懂得欣赏我的人。这也就是为什么很多青春期的孩子会对父母关上心门。

你可以引导孩子，跟孩子探讨："宝宝，妈妈觉得这幅画的位置调整一下更好看。"孩子自己就会对比，会自己决定他要画一幅新画还是把这幅画换个位置。当孩子信任你时，他的下一次"画展"出现问题了，就会来请教你。

🎗 父母和孩子要双向奔赴

我从来没有妄图充分了解我的孩子，首先，我在前面就介绍过，每个人都是复杂的多面体，就像我们的性格是由表层性格、里层性格和底层性格构成的一样。其次，假如我们真的彻底读懂了一个人，那这个人就失去了神秘感，没有美感了。比起读懂孩子，我更希望我能和我的孩子彼此互相了解。

家长们，你们永远不要试图单方面地走向孩子，你走向孩子一步，孩子也走向你一步，你们互相拥抱对方，双向奔赴的爱才是没有终点的。在我们家，就有个规矩，孩子不能是家里的中心，他们得学会尊重大人，要明白大人的需求，我们要满足彼此的需求。我们和孩子不断了解对方，才会让亲子关系更亲密。

我学的专业，让我相对比较了解如何教育 0 ~ 6 岁的孩子，但孩子六岁以后，尤其到了青春期会怎么样，我不了解。我的大儿子马上就要进入青春期了，我经常会设想，如果有一天，我发现我的大儿子早恋、偷钱或者逃课，我是否能够接受？

但试问每个读到这里的家长，你有没有过青春期叛逆的时候？你有没有顶撞过父母和老师？有没有逃过课去过网吧？那些事情有让你现在过着不堪的人生吗？我想一定没有。所以，随着孩子的成长，一切都会慢慢变好。永远不要试图追着孩子跑，不要想去控制他。你要走向孩子，也要让孩子走向你。

🎀 享受孩子当下的依恋

孩子们给我的爱，其实要比我给他们的爱多得多，我常常会因为他们的爱无比感动。比如说，汐仔有时会说诗一样的句子："我很爱妈妈，就像爱吃冰激凌一样。"孩子天真的话语总让我觉得自己是最幸福的妈妈。有时候，我跟孩子躺在床上休息，即使什么也不做，他们只是搂着我的脖子，跟我靠在一起，我都会很感动，我会觉得"我太幸运了，世界上有人这么爱我"。

但我心底里知道，独属于我与孩子的亲密时光，会随着孩子的成长慢慢减少甚至消失，三岁前的孩子会非常依恋母亲，但孩子长大一点之后，就会开始拥抱属于他自己的社交生活。

我经常会跟酷仔开玩笑说："酷仔，你的眼睛里已经没有妈妈了。"他的眼睛里现在已经都是他的同学和小伙伴了。当然，这没有什么不好，也不是孩子不再爱我了，只是他已经往前走了一步。我们作为家长，作为妈妈，要做的就是享受当下，享受你的孩子对你的依恋。

我常跟家长们说，多跟孩子讲讲"爱"，这件事不用花钱，但对孩子的人生无比有用。家长们，读到这里，你有没有发现，到底你在哪些方面把自己的孩子推远了？或者你有没有试图掌控你孩子的人生？你的孩子有没有爱别人的能力？

🎖 孩子的心是干净的，爱是纯粹的

有的家长会说："我家孩子说不喜欢妈妈了，我好难过。"但孩子是真的不喜欢你了吗？不是的。孩子的心是干净的，孩子的爱更是无比纯粹的。只是孩子会用"我不喜欢你了"这句话来表达自己的愤怒，我们不要把这句话当真。同时，我们可以替孩子表达出他不开心的原因。

有一回，因为我没给汐仔买玩具，他就说："我不喜欢妈妈。"这时我对他说："宝宝，你是不是因为妈妈没给你买这个玩具特别不开心？但是我们立过规则呀，一段时间只能买一个玩具，这样，你可以在这里多看一会儿，多玩儿一会儿。"结果就是，汐仔在那里玩了5分钟之后，主动拉着我的手走了，这时孩子是在做一个割舍。

很多家长都希望孩子跟自己亲，但总做着让孩子远离自己的事情。比如，要求孩子听自己的话。什么样的孩子在长大以后最容易变成讨好型人格？其实就是经常说"你如果不听话，妈妈就不喜欢你了"的妈妈养出来的孩子。这句话就像女朋友对男朋友说"你不给我买包，情人节就别想跟我过了！"本质上是一样的。"你不……我就……"这种话本质上是一种威胁，把你的爱作为交换条件让孩子听话，会让我们的爱变得廉价。

还有很多家长总说"我无条件地爱我的孩子，什么样的需求都满足孩子"。实际上他们把爱理解错了。无条件的爱并不是"你要什么我都满足你"，而是"无论你怎么样我都爱你"。哪怕孩子让妈妈有点儿不高兴了，妈妈可能会生会儿气，孩子也会生会儿气，但妈妈不会不爱孩子。这种松弛感带来的亲密感才是最可靠的。

🎗 四条原则，让亲子关系更融洽

我非常确定，我在当了妈妈之后过得更幸福了。生了孩子后，我发现从前的幸福显得那样单薄，孩子们让我看见了更多的小幸福。比如有一次，汐仔的学校给他发了几个小西红柿，他给我带回来一个。我看着那个小西红柿就在想，这哪是西红柿呀？这就是我人生幸福的缩影。有时候我也会很烦我两个儿子，但是回家的时候，我永远都会跑几步，期待着打开门的时候他们奔向我、拥抱我。

很多家长都会受困于如何促进良好的亲子关系。在此，我想提几条基本原则。

第一条，孩子和父母都在这段关系里有满足感。当你觉得"当了妈妈我很满足、很幸福"，而不是"我觉得我太累了，太不容易了"，孩子也会觉得跟妈妈在一起很快乐。

第二条，孩子和父母一定要有身体接触。我经常讲拥抱和亲吻一文不值却又价值连城，亲子间的亲密接触太重要了。一定要让你和孩子都习惯于经常挨着对方。一起躺在床上聊天，一起趴在耳边说悄悄话。只有这样，你的孩子在青春期的时候才不会把你推开。

第三条，一定要跟孩子一起做双方喜欢的事情。很多家长总觉得，孩子愿意做什么就做什么，不愿意参与父母的爱好就算了。但事实上，只有你跟孩子双方都愿意把各自的爱好作为家庭的爱好共同去发展时，你们的亲子关系才会更融洽。

第四条，亲子关系与亲密关系息息相关。夫妻双方需要互相尊重，你和孩子之间也需要彼此尊重。所以读懂孩子，了解孩子，在亲子关系融洽之前，你要处理好自己和伴侣的关系。

最后，我想对妈妈们说，如果你觉得，生了娃之后，你的生活过得更糟糕了，那么你一定要停下来想一想，这是你生孩子的初衷吗？我想一定不是的。

每对父母决定生孩子都是希望去拥抱更好的人生。虽然当妈妈一定会很累，但是在带孩子的过程中，你也会收获巨大的幸福、快乐、认同感和价值感，你和孩子的亲密关系也会逐步上升。在这期间，请别忘了，你只是去孩子人生的"画展"里看一看。作为观众，父母不能妄图决定孩子画什么，而是要每天努力往前走一点，才能发现孩子新的艺术作品，目睹孩子带来的各种新惊喜。

游戏

1. "海绵炸弹"

咱们家里一定有洗碗海绵，准备几个干净的洗碗海绵，带孩子去楼下玩"海绵炸弹"的游戏。我们可以将海绵吸满水，然后把海绵狠狠地砸到地上，这时候你会发现水珠四散，孩子会觉得特别有趣，我们可以扔、可以踩、单脚踩、双脚跳，都能很好地锻炼孩子的运动能力。

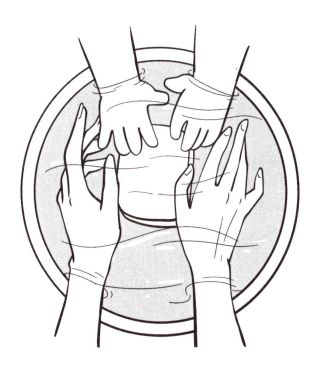

孩子笑了就对了

2. 跳跃游戏

　　孩子通常在两岁左右可以跳跃，但是在两岁之前我们需要带他们去储备跳跃经验，这里就包含从高处跳下以及向前跳跃。无论是家里的小板凳还是外面的小台阶，都可以成为很好的练习工具。我们可以双手拉着孩子的手臂或者扶住孩子的手腕处，协助孩子从高处跳下来。这时候如果孩子害怕了，绝对不要过度鼓励，要让孩子自己去建立高处的安全感的概念。有的家长

可能会疑惑，孩子会不会在学会跳后再从更高的地方跳下来呢？你不教他，他也会尝试。要知道更好地带孩子去做跳跃中的经验累积，才是预防危险的最好方式。

3. 爸爸飞机抱

　　有一些游戏是更适合爸爸带孩子做的，其中最典型的就是一些具有力量感的游戏。这个游戏可以带孩子体验身体的穿梭，发展身体平衡感和本体觉。如果是一岁以内的宝宝，我们可以让宝宝趴在我们的手臂上，爸爸横向托举起宝宝；如果宝宝大一些了，我们也可以一只手穿过宝宝的腋下，另一只手托住宝宝的下肢，头部朝前在家里进行穿梭游戏，这种游戏能极大程度地促进宝宝的平衡感和本体觉发育。

我们还可以加入一些小的设置增加游戏的乐趣。比如，我们可以在两个门之间挂上几条彩色的丝巾，或者在晾衣竿上挂上大大的床单。在丝巾和床单中穿梭，宝宝会感觉到空间和光线的变化，这会带给宝宝更好的视觉刺激。

1 岁以内

1 ~ 3 岁

孩子笑了就对了

这个游戏需要准备一个大收纳箱，让宝宝在家里体验一把坐过山车的感觉。当然了，这个游戏是需要爸爸强有力的双臂的。我们可以让宝宝坐在收纳箱里。如果是一岁以下的宝宝，我们可以只进行萝卜蹲的动作，让宝宝体验高度的变化。如果是一岁以上的宝宝，我们就可以让爸爸抱起收纳箱在家里快速地进行穿梭，在这期间高度也可以适当变化一下，别忘了一定

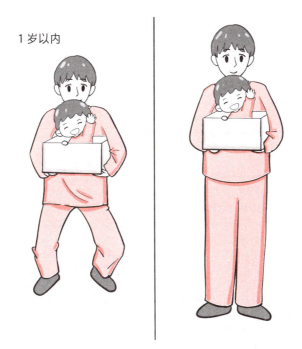

1 岁以内

要注意安全。在这样的游戏中，宝宝的前庭平衡和本体觉都能得到很好的提升，更关键的是他能感觉到爸爸的力量，会更信任爸爸，亲子关系也会更健康。

1岁以上

第三章

做好孩子的
启蒙教育

正确早教，让孩子走好人生第一步

不上早教课并不可怕，但如果你没有关注过孩子的生长发育和大脑发育，没有给孩子提供早期教育的环境，这就特别可怕了。

有一次，我在贵州做了一个公益讲座，当时有个妈妈跟我说，她前三年都在国外，孩子是爸爸和奶奶带的，奶奶特别爱打麻将，也不爱跟孩子说话。孩子直到三岁，也没有说过一个字儿，只会哇哇叫。去医院检查，孩子的生理方面都是健康的。看到这个妈妈时，我特别难过。因为她的眼睛没有光，看起来非常无助。早期教育，最重要的就是做好孩子大脑的建构，它相当于房子的地基，对孩子的成长至关重要。

孩子就像一颗种子，只要让他吃饱穿暖就能长大，这对健康和发育来说没有任何问题。但这颗种子能不能开出一朵更好看的花，就要看养育者是不是投入了耐心和爱，有没有更多地关注孩子。

🎗启蒙教育的核心是"学会玩"

我工作的这 10 年里，写了很多早教课。我最害怕看到的场景就是父母们问："我的孩子在早教中能学到什么？"

孩子的早期教育和基础教育不一样，基础教育有具体的教学目标，但是早教没有，早教关乎感受、刺激，是对大脑更好的感官刺激，是为了让孩子更好地获得综合性的体验。比如我们常说的"视觉"，你很难提前为此去设立目标，如，这个孩子今天要看到多少种颜色，要经历多少种视觉刺激。

很多家长都对启蒙教育有误解，以为启蒙教育就是孩子要多背古诗、多听儿歌，但这些都不是最重要的。启蒙教育中，最重要的三个字是"学会玩"。无论是读绘本讲故事，还是听儿歌做律动操，抑或是做早教游戏，都是让孩子先学会玩。一个真正在玩的过程中长大的孩子，自然能提升各种能力。

我旁听过一门早教课，在一个高档小区里，价格是 650 块钱一节。我算了一下，一堂课 45 分钟，上课一分钟就得花 15 块钱，我当时看到那门课的价格特别难过，什么样的课能值一分钟 15 块钱？

每个孩子的情况是不同的，会有多种突发情况，有些问题通过上课是解决不了的。比如，我们带孩子去线下上课的时候，孩子今天这次大便没拉好，这个嗝没打出来，或者今天没有睡饱状态不好，我们都会很着急。"你都拉了 5 分钟了，我还给你洗屁股洗 3 分钟，120 块钱就没了。"早教不应该是这样。早教更多地应该是在家里面，孩子状态好，你也心情好，你们一起玩，这才是早教应该有的样子。

🎀 高级的早教游戏，做起来都很简单

很多人问，没有钱能做早教吗？我来告诉你，不仅没有钱能做早教，没有文化、没有学历、没有任何相关的知识也都可以做。

很多家长其实是在做早教游戏，只是自己不知道。比如，我们会做手打开再合拢这样的动作，你觉得自己是在逗孩子玩儿，但这其实就是一个可以提高孩子的注意力的早教游戏，只是你还不知道其中的原理。很多早教游戏做起来都很简单，但是原理很高级。所以，早教其实根本不需要你理解清楚，你只要知道这样做孩子会笑就行了。

我希望大家能有一个意识，不要花很多钱去做早教，原因有二：

第一，花很多钱会让你焦虑，进而让孩子焦虑；

第二，一个东西一旦贵了，它就得高级，家长会觉得，不高级你凭什么卖这么贵？但早教一旦高级了，就变得封闭了，没有专业知识的人学不会。

比如，六面体是个高级的玩具，但是它的玩法相对单一，甚至比不过一张餐巾纸。你可以想象餐巾纸有多少种可以利用

的场景，餐巾纸可以和水结合，可以和面粉结合，可以撕成小条，可以做呼吸训练，可以锻炼很多精细动作，还可以在纸上涂鸦。真正厉害的早教游戏一定是开放的，赋予本来没有价值的物品价值，这也是发展孩子想象力最好的一个途径。

🎗 早教的五个误区

早教有很多常见的误区，很多家长陷入其中，不仅浪费了钱、时间、精力，还耽误了孩子的健康成长。

第一个误区，迷信贵的东西。

很多人信奉"一分价钱一分货"，但越贵的东西，越可能是个大坑。很多价格高昂的早教课程，并不一定有真材实料，也不一定适合普通人，为一些不适合自己的课程买单，就是掉进了"越贵越好"的陷阱。

第二个误区，高估你的孩子。

很多家长会抱怨："一堂线下课，我们家孩子都坐不住，怎么办？"对于一个一岁的孩子，想让他安安静静坐 45 分钟就是在开玩笑！

孩子的生长发育是有规律的，一个一岁的孩子能坐 3 分钟就达标了，坐 5 分钟就已经很优秀了，想让他 45 分钟坐着不乱动，简直是天方夜谭。

我们做早教课堂，会变换各种道具延长宝宝的专注力。他们的最优状态，应该是面对单个东西能玩得越来越久，而不是三五分钟变一个东西，去延长时间。

第三个误区，给孩子买早教机。

家长始终要记住，早教是需要家长学习的。我从业 13 年以来，研发语言早教机、故事机是我绝对不碰的事情。因为我深知，电子产品根本带不来真正有效的互动。比如，点读笔，再智能，它发出的声音也是录好的，无法跟孩子产生情感上的共鸣，说出共同的经历。不能像你一样说出"宝宝，妈妈带你读《月亮的味道》，你看这是长颈鹿，妈妈上次带你到动物园看过长颈鹿"。点读笔和故事机、早教机只会说："长颈鹿脖子很长，喜食树叶。"这不是孩子需要的。

第四个误区，认为早教只能做游戏。

早教是让孩子学会玩，"玩"这件事情可不只是做游戏，聊天是不是玩？发呆是不是玩？跑步是不是玩？吃饭时，你给我夹菜，我给你夹菜，是不是玩？其实这都是玩。真实的早教其实是生活的点点滴滴。

我们经常跟家长讲，要想给孩子做好启蒙，你可以在做饭时给他指令："宝宝，你帮我拿两个鸡蛋。""宝宝你看，地上有纸，咱们一起把它捡起来好不好？"孩子在帮你忙，但他同时也在玩。我们常说的游戏一般要有道具，好的游戏还要有开端、高潮、目标。所以这不是在做游戏，生活中更多的时候就是玩，这是生活中的一个小步骤，但这也是在做早教。

家长千万不要让早教游戏填满孩子的生活，那样你和孩子都会很累。因为一旦有游戏，就有了教学目标，而游戏性地玩，是不会有目标的。

第五个误区，认为早教是给孩子的。

很多家长问我："阳子老师，我白天要上班，晚上才有空带孩子，我怕他跟我不亲。"那你会带孩子玩游戏吗？做早教，不图效率，也不图热闹。早教图的是增强孩子和你的亲密度。"妈妈带我玩了一个很好玩的游戏，我笑了。"这件事情能带给孩子极大的满足感和愉悦感，会提升你跟孩子之间的亲密感。

我在写线上早教课之前，写过10年的线下课。在写课的过程中，我发现很多家长搞错了。很多家长把早教当成教育孩子的课程。家长经常问我："阳子老师，买什么玩具能给孩子做好早教？"你应该问的是："我玩什么能带孩子做好早教？"你自己得先会玩。

假如我面前有个矿泉水瓶，我至少能想出20种方法带孩子玩它。很多人觉得自己想不出来，想不出来你就去学、去看，而不是给孩子买20种玩具。

早教老师的全称是早期教育引导师，他们引导的不是孩子，而是家长，他们在一节45分钟的课中，教家长学会怎么带着孩子玩。

早教课其实就好比一个试衣间，你不要指望试了一件衣服就能回去自己做一件出来。早教课要杜绝虚假繁荣，不要让孩子热热闹闹地去上课但一无所获，一定要让孩子在生活中享受玩儿堆积起来的亲密感。

早教的根本是跟孩子共乐

很多家长问我："阳子老师，做早教能不能让孩子学习更好？让孩子表达更好？"那你想得也太肤浅了，做好早教会让你的孩子眼睛是亮的，能让你的孩子人生过得更好！

早教的根本，不是所谓的早教课或者早教游戏，而是一种早教精神、早教理念，是生活中你无处不在地给孩子引导，跟孩子共乐。

第一，做好早教，你会发现，孩子会更坐得住。有的小朋友在幼儿园上了一个学期的课，还满地乱跑，其实是因为他已经习惯了野玩，适应不了跟人互动的场景。如果你的孩子在0～3岁经历过很好的陪伴，你用游戏跟他共乐过，这个孩子到幼儿园的时候眼睛是亮的，他开心的时候会玩，同时坐得住，跟得上老师讲话的节奏。

第二，孩子更有探索欲和认知欲，他会更想知道这个世界运行的原理，他想更多地去探索。

第三，孩子会有成就感和自信心。经常有人问："阳子老师，为什么孩子八个月就要认识颜色，我的孩子三岁了，还不认识颜色，这正常吗？"当然正常呀，但是三岁的孩子发现别人都认识颜色，他自己却不认识的时候，会自卑。

我们之所以要更早地培养孩子的认知，不是为了孩子能早点取得某项成就，而是为了让这个能力能更好地服务于孩子。孩子会在这段时间获得成就感和自我满足感。

孩子的早期教育，主要聚焦的是 0 ~ 3 岁孩子大脑的建构。启蒙教育更多的是对一个知识进行具体的探讨，已经有具体的目标了。比如国学启蒙、识字启蒙、数学启蒙等。所以，相对启蒙，我更喜欢说"早教"这个词。

早教是不设目标的，重视的是体验感，是为孩子带来感官刺激，对孩子的大脑进行建构。我希望家长们都能给孩子一个有准备的环境。

人这一辈子，就像快递一样，我们的孩子从自己家里被寄到了幼儿园，从幼儿园寄到小学，从小学寄到初中、高中、大学，大学之后再寄到社会。我们的父母要知道如何在快递寄到下一收发站前做好准备。早教不是带孩子上早教课，而是要在生活中引导孩子。早教的意义，是让孩子拥有各阶段匹配的生活能力，能帮助孩子生活得更好。

为孩子打造更好的早教环境

0～3岁孩子的所有教育都属于早期教育。比如说，孩子该睡觉了，给他听儿歌是一种早教，跟他聊天是一种早教，给他做抚触也是一种早教。

早教最重要的是，你愿意跟他共度这些时光。生活早教其实就是把早教无处不在地融入你和孩子的生活，不要带着目标去做早教，要把生活当作孩子的早教游戏场馆。

早期教育环境跟家庭氛围与亲子关系一样，没有最好，只有更好。如果你现在是全职妈妈，你可以问问自己，是否能安排5分钟跟孩子一起阅读或者游戏的时间。

家长们要记住，除了户外活动，孩子在阅读和游戏时都可以把5分钟当作一个时间单位。三岁以内的孩子，都不一定要达到5分钟，比如说穿珠子这种精细动作，孩子坚持一分钟就很厉害了。

千万不要动不动就要求孩子专注半小时。孩子专注 5 分钟，就是一个特别理想的状态，已经非常厉害了。

🎖 让孩子玩得更专注

第一，给孩子准备一个游戏区域。

很多家长问我，要不要给孩子买围栏？他们担心围栏会限制孩子的活动范围。换个角度想的话，围栏提供给孩子的其实是一个相对比较安全的游戏区域。当家长去上厕所或做饭时，孩子可以在里面安全地游戏，它也在一定程度上解放了家长的双手。

第二，尽量少买"声光电"玩具。

"声光电"玩具上有个开关，一打开就停不下来，无论怎么跟它互动，它都是那个状态。这种玩具变化性不大，拓展性也不强，对孩子的思维开发帮助不大。

此外，家长不要一次给孩子买很多玩具，要让孩子学会长时间聚焦地玩一个玩具。

第三，让孩子学会玩"破烂"。

很多家长会给孩子买蒙氏教具。实际上，蒙台梭利老师从来没有出过蒙氏教具，她这辈子都没有出过任何关于孩子的教育产品。一套蒙氏教具动辄要两三千块钱，这么贵的教具是我们家庭必需的吗？我们身边是否有可以替代的呢？

我希望家长们抛弃"越贵越好"的观念，让孩子学会玩"破烂"。快递箱、餐巾纸、白纸、绳子、吸管等都算"破烂"，它们都不值钱，但都超级有用，恰恰是这些"破烂"才能让孩子根本性地从操作层面进行游戏。

比如，可以用一根吸管在水里"咕嘟——咕嘟——"吹出泡泡，这是在锻炼孩子的口唇肌肉。可以把吸管剪成一小段一小段，去穿鞋带、穿珠子，锻炼手的灵活性。还可以用一根吸管去吹乒乓球，这是在进行呼吸训练和专注力训练。

我常说，会玩"破烂"的孩子可太棒了、太聪明了！这些是孩子应该玩的东西。

家长要多去了解怎么玩一个很质朴的东西，怎么玩出多样性，这一点很重要。比如，我出门的时候，经常会有意识地带上点东西，如带块橡皮泥。你别小看橡皮泥，它比"声光电"玩具好玩多了。"声光电"玩具会在短时间内过度刺激孩子的专注力，孩子会看得很认真。但这种玩具看久了，孩子的眼睛会适应不了静态的东西，对眼睛会有损害。一定要让孩子能够适应静态的东西，因为静态的东西本身是不会动的。比如橡皮泥，想把它捏成什么形状都行。

🎗 打造好的教育环境不需要比拼钱多钱少

无论你家有没有钱，你都可以给孩子更好的早期教育环境，前提是你愿意拿出专门的时间和精力做这件事。

家长要深刻地意识到，无论你陪不陪你的孩子玩，他都会长大的，只是一个成长得更好，一个更糟糕而已。一个会感觉自己很重要，一个会觉得自己不重要。所以我们用游戏时光点缀孩子的生活，让孩子觉得自己的生活是充满乐趣的。

我之前见过一个小朋友，他们家庭条件很好。孩子的爸爸每周都给他买一个"声光电"玩具，买价值几百块钱的变形金刚、遥控机器人。这个孩子到三岁时出现了严重的阅读障碍，他看不进去书。要知道，"声光电"产品，包括手机都是"及时反馈"的。

什么叫及时反馈？我打那个小人儿一下，小人儿叫唤了，我感到愉悦了。我按一下这个玩具背后的按钮，它就发光发个不停，这些及时反馈都特别短暂，但也特别强烈。我们的课本、绘本，以及很多静态玩具都是不动的，静态玩具是可以让孩子自己主动去玩的，能调动孩子的主动性。当孩子面对不了这些不动的东西，就会很容易出现阅读障碍了。

所以我跟家长们讲，养育孩子根本不是拼钱的事情。用钱堆积出来的孩子是很容易出问题的。

我见过一个小女孩，她妈妈的控制欲非常强。妈妈会给她规定，玩具怎么玩。比如，洋娃娃只能梳头发，不能用大卡车拉着跑。橡皮泥只能捏人物，这个小朋友把橡皮泥捏得小小的，丢在水里漂着，那个妈妈觉得不行。这都是很可怕的事情。

孩子的创造力是无限的，其中甚至包含着破坏。家长要记住，玩具是给孩子买的，孩子想怎么玩他自己说了算，只要安全就行。

🎀 真正的早教是生活早教

经常有家长问我："阳子老师，买什么玩具能够提高孩子的创造性？"其实最简单的方式有两个。

一是我特别提倡在生活早教中，用一个东西实现多种玩法。比如一张纸，可以将它撕成条，可以在上面画画，可以用它叠东西。

二是打破它原有的玩法。比如纸、吸管、泥土、水，它们是不同的东西，但它们可以两两搭配，如吸管和水、纸和水、纸和泥土、吸管和泥土。你会发现，这样搭配之后，会出现很多新鲜的组合。这就是生活早教中，一个非常重要的理念，多做无序的排列组合，你会发现孩子比你更会玩。

我希望每个家长都能在生活中带孩子去体验、去经历，不设教学目标，而以怎样可以更开放地玩耍为追求。

真正的早教，从来都不是以课堂的形式呈现的，而是以生活的形式呈现的。你今天带孩子经历了什么？你们一起做了什么？如果你能给出明确的答案，那才算是真正的陪伴。

认知启蒙是一切学习的基础

经常有家长问我："阳子老师，为什么我们家孩子不爱听故事？"如果你也遇到这样的问题，请你先反思一下自己，给孩子的认知启蒙是不是没有做好？认知是一切学习的基础，它往往是以单独元素形式存在的。

比如，我们讲一个小故事：小兔子在草地上发现了一个胡萝卜，胡萝卜是橙色的。你会发现，这里面有四个关键词："小兔子""草地""胡萝卜""橙色"，你只要能听懂一半以上，这个故事基本上就听懂了。如果你只能听懂一个或者一个都听不懂，你就理解不了这个故事。

"小兔子""草地""胡萝卜""橙色"，将不同的元素串联起来，就形成了孩子的语言、思维和记忆。

🎖 做好八大基础认知

很多家长问："阳子老师，怎么提高孩子的记忆力？"如果孩子不认识一个事物，又怎么能记住、怎么能思考呢？所以说，认知是一切活动的前提。

孩子在八个月到三岁之间，一定要有对颜色、形状、蔬菜、水果、动物、职业、交通工具和季节这八大类型的基础认知。认知达到了，在孩子上了幼儿园之后，你就会发现，孩子的语言表达、逻辑思维都如鱼得水。

相信我，你听到的 90% 的故事里，超过一半的元素都包含在这八大基础认知里。

比如，"春天，草地是绿色的""冬天，很多动物会冬眠""车停了，下来一个警察"，这些都是构成故事的细节。

得益于专业所学，我知道了认知对孩子的重要性，它能带孩子认识周围的一切事物。我在做公益讲座时，去过很多留守儿童的家里，见过很多没有做过认知启蒙的小朋友。

这些孩子因为不认识颜色，做不了分类游戏，做不了更多的进阶游戏，而且，他们的语言极其匮乏。从根本上说，他们基本已经丧失了做其他游戏的可能性，从中可以看到，没做好认知启蒙是很不利于儿童大脑进一步发展的。

🎀 基础认知教学，不要交给点读笔

我是一个非常强调教育本质和真谛的人，对孩子的认知启蒙，我是极为看重的。而且，我非常坚定地知道，什么对孩子是更好的。比如说，有个非常神奇的词语，叫作"关系"。

你现在就可以想一想，恐龙和你有什么关系？月亮和你有什么关系？如果我把这些问题抛给我儿子，他可能会说："我在恐龙画报上看见过恐龙。晚上出门的时候我能看到月亮。我读过一本绘本叫《月亮的味道》。"

你会发现，这就是事物和你的关系。这些关系，是你头脑中的认知告诉你的，而不是点读笔告诉你的。你用点读笔点一点饺子的图片，点读笔可能会说："饺子，中国大年三十的传统食物。"很多南方人就不服了，"我们大年三十吃的可是汤圆"。这就是点读笔的弊端，它的内容是由录音人的经验决定的。

讲到这里，想必大家能够理解，为什么点读笔不能帮助孩子有效地建立认知了。因为点读笔跟孩子的生活没有关系，很多事情由妈妈亲口告诉孩子，才能跟孩子建立更好的关系。

也就是说，认知一定要和生活发生关系，父母和孩子应该增加互动的时间，并且强化生活中的关系。

🎗 认知启蒙，做好立体化网状认知

认知启蒙中，有最关键的两点。

第一，不要切断跟生活的联系，要利用孩子本身的经验和他向往的生活，建立立体化的认知。

比如，点读笔的认知仅仅聚焦在"这是长颈鹿"，它会让你记住长颈鹿，但你不会有联想。如果有人问你，包子和你有什么关系？你其实可以说："我很喜欢吃我奶奶包的芹菜馅儿包子。"奶奶、芹菜、包子之间产生的联系，就是立体化的网状认知。

第二，认知里会有高效认知。很多家长问我："老师，孩子问我'这个东西是什么'的时候我应该怎么说？"这时，家长们只需要记住一个公式："它是什么，有什么特点，跟我们有什么联系。"

如果孩子指着书上的霸王龙问："这是什么？"我可以说："这是霸王龙，它特别凶残，喜欢吃肉，咱们在宫西达也的绘本《你看起来好像很好吃》里见过它。"

你会发现，这个公式万物皆可套用，这就是值得你和宝宝进一步探讨的地方。其实你只要坚持带宝宝做两周的高效认知，就会发现孩子语言能力突飞猛进。认真被教过认知的宝宝，语言能力往往会更强，有的宝宝尽管开口说话的时间晚，但是开口后很快就从只会说一个词过渡到说一个中长句，因为对他来说，这些词已经产生联系了。

🎗 多读绘本，提升孩子的认知力

绘本阅读能让孩子的各个方面都有提升，也就是说，多读绘本也能提升孩子的认知力。

绘本最厉害、最特别的地方是，它能以场景化的方式呈现具体的画面。一本讲长颈鹿的绘本，画面中一定不单单有一只长颈鹿，长颈鹿旁边可能还站着一只狐狸，这时，动物体形高矮的对比就出来了。长颈鹿边上可能还有一棵繁茂的树，它正在吃树叶。长颈鹿身上的斑纹是什么样的？它的动作是怎样的？它是怎么跟其他动物相处的？这些都能通过场景化的阅读展现出来。

很多家长都想找到一个答案："读什么绘本能让我的孩子更勇敢？"这就相当于你在问："上什么课能让我的老公更爱我？"这世上没有这样的课程，更没有让孩子读了就立马变得勇敢、坚强、无畏、智慧的绘本。

根据我的经验，绘本有两个最大的作用：

一是可以让孩子认识更多的事物；二是可以让孩子感受认知，感受自己的情绪。这个时候，通过绘本做认知启蒙才是最重要的，而不是让孩子变得更勇敢。

认知是辆人力车，一定要家长去拉。你不教，孩子可能就不会。如果把孩子的0～6岁比作盖房子打地基，认知就是一块又一块的砖。砖与砖之间要砌得牢固，如同让孩子在开口说话、记忆、思考之前，先有认知。所以，家长们一定要记住，用嘴教孩子认知，用嘴让他建立更稳固、更有效的认知。

有了基础的认知，孩子会给你很多惊喜。很多家长可能会觉得，绘本里的云一个个长得胖乎乎的，像棉花糖一样，生活中的云并不是那样。但你千万要对孩子有信心，你的孩子会通过天空和云朵的相对位置，云朵的形态、描述，就知道那是云。所以，家长不用担心绘本里的图片像不像，而是要担心你教得好不好。

例如，我给孩子讲过一本叫作《云朵面包》的绘本，这个绘本里讲了一个故事，一个猫妈妈用云朵给她的小猫咪们做了面包，而且那个面包可好吃了。在这之前，我好像漏掉了教孩子认识云，也没有专门带孩子抬头观察过天上的云。也就是说，读《云朵面包》时，孩子才第一次认识了云朵，大概是在汐仔两岁，刚刚会说话的时候，有天我们在楼下，他指着天上的云说："妈妈，看，面包，云朵面包。"

孩子的认知启蒙需要一个循序渐进的过程，家长不要焦虑，不要着急，静静地陪在孩子身边，看着他慢慢成长，这也是一种幸福。

抓住孩子的黄金期，做好语言启蒙

　　很多家长有个误区，以为语言是以说出来为结果的，其实不然，语言是由倾听、理解、执行、发问这四种重要的能力组成的。当孩子能认真听你说话时，语言能力就已经在发展了。听妈妈说"奶瓶在哪儿"后，孩子看了一下奶瓶，这就是理解。听到"宝宝把球拿过来"，他把球拿过来就是执行。有时孩子会问："这是什么？"哪怕没有说出这句话，只是指了指那个东西，拼命想知道那是什么，这也是发问。有时甚至都没有开口，却已经体现语言的能力了。

　　语言是孩子在形成这四种能力后的自然结果。我必须跟大家讲一个残酷的事实，"贵人语迟"这句话是骗人的。开口说话一定是越早越好，但这不是家长能逼出来的。你会发现有的小朋友虽然开口很早，但说话之后，语言发展很慢。但有的小朋友开口就能说中长句，这都是因为前面积累好了语言的四项能力。

所以，不要把能说话作为语言重要的评判标准，家长要记住这四个黄金词——倾听、理解、执行、发问。

🎖 孩子说脏话分为两个层面

我们可以把孩子说的脏话分为两个层面去理解。

第一个层面是，有的孩子会说："我讨厌妈妈，我不喜欢妈妈，妈妈真坏。"我们把这称为孩子的语言诅咒敏感期和情感表达高峰期的碰撞。

这时，孩子会将语言作为一个武器，认为说"妈妈我爱你！"这样好听的话妈妈会开心，说"妈妈我讨厌你！"这样不好听的话妈妈会生气。这样表明孩子在进步、在发展。

面对孩子说脏话，我们要在心理上做一个切割。前面我们提到过：第一，不要把孩子辱骂你的话当真，孩子只是在试图用话语激怒你。第二，你要说出孩子的感受，说出孩子真实的想法。千万不要崩溃，抱怨"你为什么不爱我？我这么辛辛苦苦带你"，这没有意义。

第二个层面是，脏话，是真正意义上的脏话。我的大儿子酷仔从来没有说过任何脏话，这是我引以为傲的。但有一天，他不小心把水打翻后，说了句"我靠"。我当时很认真地把他叫到身边说："酷仔，你知道'我靠'是什么意思吗？"他知道这不是好话，但他的同学都这么说，他也就这么说了。

其实这件事特别容易理解，因为他只是机械地听了很多遍，知道这句话说起来很简单。但是大家要知道，厉害的语言都不简单，很容易脱口而出的话往往并不厉害。我对酷仔说："你们现在都会用'666'去夸一个人有才华很厉害，但你知道古代人是怎么夸人有才华的吗？"

酷仔看着我不说话，我说："谢灵运说过这样一句夸人的话，叫'天下才共一石，曹子建独得八斗，我得一斗，自古及今共分一斗'。你想一想，谢灵运把才华比作了一袋米，说曹子建得了八斗，他得了一斗，其他全天下人分一斗。他在夸别人的时候还顺带夸了自己。你觉得这句话高级还是'666'高级？妈妈根本不会因为你说'我靠'管你。因为这句话并没有产生侮辱的意味，但这句话不友好。"从此，我真的再也没有听到酷仔说这句话了。

我的小儿子汐仔，前一阵子突然学会了说一个词"傻叉"。我非常确定他从哪儿听来的这个词。语言是不会单独产生的，一个孩子在屋子里长大，听不到"傻叉"，他一辈子都不会蹦出这个词。追本溯源，我发现，这是奶奶说的，我当然不可能去骂奶奶。因为人家帮我带孩子呢，而且老人年纪大了，对不对？所以我跟汐仔说："妈妈刚才听到一个很不美好的词语，说'傻叉'是很糟糕的。"汐仔听进去了，以后就没说过这个词。

有的时候，你要带着孩子认识语言背后的高级性，汐仔听我说了以后，他觉得很害羞。所以我们做了一件事情，我们拿来一个垃圾袋，把那句话对着它小声地说，再把它"装"起来，扔到垃圾桶里。

在心理游戏层面上，这就是一个治疗的游戏，叫作"把不优美的语言扔掉"。现在汐仔很使劲地把它扔掉了，说"我不要说，这个话不好"。孩子从心理上对脏话做了切割，这句话也在我们家消失了。

家长不要过于放大孩子说脏话这件事，有时候哪怕脏话没有完全消失也很正常。第一天不说，第二天不说，也许第三天孩子又说了。上面我说的这个方法不是包治百病的良药，但能让孩子在心理层面上知道这件事不对，要扔掉它。

🎗 语言启蒙从出生就开始了

语言启蒙是伴随着孩子降临到世界上就开始的。在此，我再次强调，电子产品只能去做没有任何语言和认知的早教和启蒙。所以不要妄图用故事机、语言早教机、点读笔教孩子说话，电子设备只能在孩子语言架构已经完成了以后，去扩充孩子的认知，但做不了基础认知。

所以家长要做的第一件事情就是，多跟孩子说话。我常跟家长们讲："你要当一个话痨，跟孩子多讲话，讲的事情可能跟你相关，跟孩子相关，也可能跟谁都不相关。但是多说话有百益而无一害。"

很多妈妈会发现，一个家庭最可怕的是，气氛是紧绷的，是无聊的。说话其实是一种情绪宣泄的出口。而且这种语言的累积，可以帮助孩子更好地架构语言能力。

第二件事就是，在孩子成长发育的过程中，会遇到一个镜像效应。我们的孩子在十个月到一岁期间会发出很多奇奇怪怪的声音，例如"嘟嘟嘟""叭叭叭""嗒嗒嗒"。这是孩子向世界发出的第一个语言信号。我们怎么对待这个语言信号，就决定了孩子是不是更愿意开口说话。

很多家长会夸孩子："宝宝你说得真好！"但夸赞是没有意义的，你得去模仿孩子，做孩子的镜像，当孩子"嗒嗒嗒"时，你就"嗒嗒嗒嗒嗒嗒"更夸张一些，拖长音去做。你会发现，伴随着你的镜像，孩子会更愿意开口。

在孩子一岁到三岁的时候，充分去用语言辅佐认知，用认知架构语言。很多家长会问，是先教语言还是先教认知？其实我们是用语言辅佐认知，用认知反过来架构语言。

好比我们说"宝宝，这是苹果"，这是在教认知，但也是在说话，在提升孩子的语言能力。等宝宝认识这是苹果的时候，你会发现认知反过来会辅佐语言。孩子会说："吃苹果。"所以，认知和语言是互相影响的。

🎗 抓住孩子语言发育的黄金期

三岁前的每一天，其实都是孩子的语言发育黄金期，很多家长问我："我应该在孩子几月龄多跟他说话？"我就在想，你们到底有多忙？能忙得只有这几个月跟自己的孩子多说话？实际上，每一天都是孩子语言发育的黄金期。

因为孩子在不同的时期，发育的特质是不同的。比如，孩子在 0 ~ 8 个月会对高频的字、语音比较敏感，8 ~ 12 个月是听音敏感期，他会对人声更敏感。12 个月之后，他完成了词汇的初级累积，开始自己输出语言。然后开始从单字到双字到短句到中长句的累积。这期间每一天都是黄金期。

我要给家长们一个提示，不要去买任何与语言教学相关的书籍。家长们想想，书是给谁看的？是给我这样的老师看的，是让老师明白怎么带孩子，怎么给孩子写语言类的教材，怎么去做这种相关的游戏的。你们只需要跟孩子多说话，孩子只会一个字，你们就跟着只说一个字儿，不要觉得这没用。这时候镜像反应是必要的。

但是给孩子大量输出其他语言仍然是必要的。你们要跟孩子聊天，当你们跟孩子互相爱上对方的那一天，用语言做桥梁就够了。

镜像效应其实源于我们人人都有的一个本能，你做什么我会不自觉地模仿。比如我们很多人，本来没有跷二郎腿的习惯，看到别人跷了，自己也会跷。在孩子发音时，你也发音，孩子发现被模仿时会感觉很有成就感，就更愿意发音了。

🎗 孩子语言发展的四个阶段

孩子的语言发展过程，我们可以分四个阶段讲。

第一个阶段，是孩子 0 ~ 3 月龄时，这是听觉敏感期，是孩子的声音、视觉这些感官建立的时期。所以这个时期要给宝宝更多地听一些轻柔的声音，比如妈妈的声音，或者白噪声，唤醒孩子的感官。

第二个阶段，是孩子 3 ~ 8 月龄时，这是孩子强烈的自语音阶段，他们会自己发出"嘟嘟嘟""嗒嗒嗒"这样的声音。大部分宝宝都是在这个时间开始学会发音的。这个阶段，家长要做的是陪伴和倾听，孩子想说就听他们说。

第三个阶段，是孩子 8 ~ 12 月龄时，叫听音敏感期。这时候家长要做一件事情，就是让孩子听更多不同音色的声音。我非常推荐家长使用家里的电子音响做一堂听觉课。比如"小度，小度，小狗是怎么叫的？小猫是怎么叫的？火车是什么声音？"带宝宝去做这种音色识别，对这个阶段的宝宝来说非常重要。

第四个阶段，是孩子 1 ~ 3 岁时，这时孩子进入语言的架构期，语言开始从单字到双字到小短句，再到中长句，从"妈"到"妈妈"，再到"妈妈来""妈妈过来""妈妈到我这儿来"的过渡。这个时期其实不用细分。

很多家长会问我："阳子老师，孩子语言的爆发期什么时候会来？"语言爆发期什么时候来是孩子自己决定的，你在1～3岁多跟他说话，多跟他做游戏，多给他讲绘本，语言爆发期来的那天你尽管鼓掌就好了。

孩子的语言发育跟表现没有关系，各个阶段孩子的生理都在发展，是自然结果。只要孩子生长发育正常，过程都是这样的，或早或晚。比如，有的小朋友的语言爆发期是两岁半，有的小朋友是一岁半，每个孩子会有早晚，但都在1～3岁。如果你的宝宝三岁以后语言爆发期才来的话，那确实有点晚。这时你要考虑一下孩子是不是有发育迟缓的情况。

孩子的语言从来都不是用来给家长们长面子的东西，有的家长追求孩子会背古诗、唱儿歌、能说会道，其实都是为了给自己长面子。

语言是为了让孩子更好地跟世界建立连接。在养孩子的过程中，作为父母一定要坚持用嘴教孩子说话，让他多看，看到你的嘴，看到你的笑，感受到你的皮肤，感受到你的温度。在孩子学说话的过程中，不要对语言的爆发期设期待，什么时候到都是给我们惊喜。

讲好孩子的第一堂生命教育课

有段时间，很多家长问我："该如何跟孩子谈论死亡？怎么跟孩子解释家人去世？要说爷爷奶奶去月亮上了吗？"如果真的告诉孩子离世的亲人去月亮上了，孩子可能接着就会问"他们什么时候回来"这个问题。

每个人从出生那天开始，就注定会经历死亡。所以，死亡教育和爱的教育对孩子来说是一样重要的。很多小朋友可能在三四岁的时候开始害怕，尤其见到周围的人离世之后，他们会问："妈妈，你会不会死？我会不会死？我们死了怎么办？会不会有虫子来咬我们？"

我的父亲离世的时候，我大儿子刚好三岁。那时，我们养了一株花期很短的花，从养它的那天起，我就对酷仔说："宝宝你看，人就像花儿一样，会萌芽，会长大，会凋落，最后会融到泥土里去。死本身并不可怕，这朵花被我们看到了，我们会记得它盛开时的美艳。"

动画电影《寻梦环游记》里，有句话说得很好："死亡不是生命的终点，遗忘才是。"直到现在，每到大年三十、节假日或者我父亲的生日，我们都会给他买点吃的。我问过酷仔："爷爷吃不到，你觉得有什么意义？"他的回答是："爷爷知道他会被记得，只要被记得，这个人就还在。"

🎖 了解死亡的真相并不残酷

这个世界上有太多残酷的事情了，孩子从小就了解死亡这件事，反而并不那么残酷。

亲爱的家长们，千万不要替孩子界定什么是残酷。比如说，孩子进入一个新环境时，跟别的小朋友说"我跟你交朋友好吗？"对方不一定会答应，很多情况对方会说"不，我不要跟你交朋友"。这件事残不残酷？其实也有点残酷。但这个世界上真正的美好，就是我们能扛过这些残酷。正如罗曼·罗兰所说，"世上只有一种英雄主义，就是在认清生活真相之后依然热爱生活"。

当我们意识到，自己终有一天会死，但仍然选择珍惜在世上的每一天时，这才是美好。当孩子知道可能会被拒绝，但仍然想找到愿意跟自己一起玩的小朋友时，这才是美好。

有一次，我问酷仔："如果妈妈死了，你会怎么样？"他回答我："我会让妈妈非常确定地知道，我会在世界上生活得很好。"我很欣慰，说："这就是妈妈最想听到的答案。"

从本质上说，我们给孩子做死亡教育的意义，不是让孩子知道死亡有多可怕，或者生命有多宝贵，我不会跟孩子探讨得那么深，而是让孩子知道，每个人都会有这个结果。

🎗 敬畏自然，珍惜当下

过去，我也曾带酷仔看过汶川地震及相关的纪录片。我会告诉孩子："人是很渺小的，我们一定要敬畏自然，要从内心知道，自然的力量是非常强大的，千万不要想着战胜自然。在海啸、地震、疫情面前，我们要先思考怎么更好地保护自己和身边的人，珍惜当下。"我自己很爱做公益，如果条件允许，我也会带着孩子去做一些力所能及的事情，那些事虽然很渺小，但是很有意义。

做好孩子的第一次生命教育，并不一定非要培养孩子坚韧的品格。敏感、不坚韧，难道就不是好的品格吗？坚韧是好的，敏感、柔软也是好的。

🎗 死亡教育不是一步到位的

我极力推荐家长朋友们，从孩子三岁开始，带孩子看一些简单的纪录片，尤其是跟动物相关的。当看到一只老虎要吃掉一只羚羊时，孩子可能会很伤心，但这个世界就是这样的，我们要吃鸡肉、羊肉、牛肉，这不是我们残忍，而是这个世界就是如此。我们终有一天也会跟这个世界说再见，但我们度过了很美妙的人生。

前面说过，我第一次认真地跟酷仔做生命教育，是用一株花解释我父亲的离世。

有一天，汐仔突然跟我讲："妈妈，我们班一个同学的爷爷死了。"我问他怎么知道的，他说："他好几天没来上学，我就问他怎么没有来幼儿园，他说爷爷死了。"我问他什么是死，他说："如果死了，就再也看不到妈妈了。"我又问他害不害怕死，他说："我害怕！"然后，汐仔就哭了。

我跟他讲："宝贝你看，你闭上眼睛是不是看不到妈妈了？但当你睁开眼睛的时候，妈妈是不是还在？其实看不到不可怕，死亡这件事情就跟说再见一样。我们每个人都要跟这个世界说再见的。说再见的时候，你要想你在这个世界上有过自己很爱很爱的妈妈，妈妈有过很爱很爱的宝宝。我们两个人经常一起玩，一起看绘本、唱儿歌、讲故事，这些事情都会放在我们的心里，不管怎样都不会消失的。"汐仔听了后，神色舒缓了很多。

用"再见"这个词理解了死亡之后，汐仔就不怕了。他再也没有问过我"人会不会死"这个问题。

🎗 用绘本帮助孩子理解生命

很多家长不知道怎么给孩子做生命教育，或者觉得谈及死亡不吉利，应该避讳。我也觉得，直接跟孩子聊死亡，并不是一个特别好的方法。因为大部分家长都不具备直接对孩子进行生命教育的能力。所以，我会推荐家长们带着孩子读几本绘本。比如《爷爷送我一条小溪》《爷爷变成了幽灵》等。

有一次，我带酷仔读《爷爷变成了幽灵》时，他说："妈妈，读完这本绘本，我就想哭。"我想他是想到了我的父亲。按理说，三岁前的孩子没有记忆，但酷仔对我父亲去世的事记得非常深刻。而且我们家人会经常聊起我父亲，所以关于我父亲的记忆不会消失。一提起我父亲去世的事情，他就会哭。

后来，再读《爷爷变成了幽灵》时，酷仔会说："现在想到爷爷去世，我不难过了，我连幽灵都不怕了，因为幽灵有可能是爷爷变的。爷爷下次会带着他的很多幽灵朋友来看我们，爷爷会保护我们的。"我觉得这就是绘本的意义。读绘本最重要的作用，不是让孩子变勇敢，而是让孩子从绘本里获得力量。

有一些东西很难讲，比如爱、友谊、生命、死亡，这些东西都很难用嘴讲清楚。但是，我们可以用一些比喻。比如，把生命比作花开花落，把死亡说成再见。

绘本故事里的隐喻，也能帮助孩子更好地理解和接受。所以，我真的希望家长在给孩子买绘本、讲绘本的时候，不要那么功利，我很怕家长只想通过绘本教会孩子勤劳、勇敢。

🏵 做好死亡教育，让孩子明白生命的意义

天有不测风云，人有旦夕祸福。意外和明天哪个先来，谁都说不准。我们不需要给孩子过分强调"人会死，会有灾难"这件事情，可是孩子一旦来问你，你一定不要躲。只有认识到生命珍贵的时候，孩子才能从根本上强大起来。用一句话来说就是，生命教育最核心的意义是给孩子力量，让孩子明白生命的意义。

很多家长会想，我死了以后要给孩子留下什么？留房子？留车？其实你们没有什么能留给孩子的，你们的房子到时候能值多少钱？你们的车到时候确定还能正常使用吗？你们真的能做的，就是给予孩子力量感，直面孩子的问题。孩子有问，我们必答，你会发现孩子强大到你们无法想象的地步。他们不怕已有的答案，而是恐惧未知的结局。

我经常会想象，我的葬礼上，两个孩子会怎么样？我会非常愿意给予我的两个孩子力量感。我希望这种力量感能持续，哪怕有一天我不在这个世界上了，他们也能很好地度过余生，能很好地与另一半携手共进。

我很希望父母们带孩子读《爷爷变成了幽灵》之前，自己先带着那份对逝去亲人的想念去读一读。很多父母本身没有受过生命教育，自己都迈不过死亡这个坎儿。例如，我认识一个做牙医的妈妈，她到现在都不敢去医院的太平间。当她第一次带孩子读死亡教育类的绘本时，她自己也接受了洗礼。

死亡是我们每个人最后的结局。在生命的旅途中，谢幕大同小异，区别只在于中间的旅程。好好对待加入生命中的人和事，谢幕的时候你就没有遗憾了。

儿童的性教育是父母的必修课

对很多家长来说，性教育是一个不能谈及的禁区。即便要谈，也只是浅谈辄止。比如说，告诉男孩他有个小鸡鸡，或者是男孩和女孩上厕所的姿势不一样。至于更深入的内容，家长们往往就闭口不谈了。

在某种程度上，可能是"性可耻"的观念在作祟。或者是，很多家长在小时候也没有接受过正确的性教育，以至于无法在这方面给孩子提供建议。

🎗 有问必答，"有求必应"

很多家长问我："阳子老师，性教育一定要做吗？用什么方法做更好？"

相对来说，中国人偏含蓄。在性教育这个问题上，自然不能说得一本正经。比如说，我第一次拿到《小威向前冲》这本书的时候，也很不好意思给孩子直接讲。

性这件事，是每个人成长过程中都要经历的。从刚刚开始不知道是什么，到产生好奇，产生疑问，甚至产生憧憬。

比如，前段时间，汐仔问我："妈妈，我是从你的肚子里生出来的吗？"我说："是的。"他很奇怪，"你是怎么把我生下来的？我这么大个儿"。

我就把他出生那天的照片拿出来给他看，说："你出生的时候是很小的。"讲到这里，我觉得就够了。他的好奇心，已经得到了满足。

又有一天，汐仔问我："妈妈，为什么女生是蹲着尿尿，我是站着尿尿？"我立刻回应他："那你试试，看你能不能蹲着尿。"他蹲了下去，发现自己也可以尿。

我就对他说："你知道吗，站着尿比蹲着尿省劲，还比较方便。妈妈这样的女生，如果站着尿，不仅没法尿到马桶里，还会尿到腿上。从哪个角度来说，你都更占便宜哦！"

听我说完，汐仔就明白了，男生既能蹲着尿，还能站着尿，只不过站着尿尿比较方便罢了。

他还问过我："妈妈，为什么你有咪咪，我没有？我的咪咪去哪儿了？"我说："你也有，你看，这个小点儿就是你的咪咪。只不过，妈妈是女生，生完孩子要给宝宝喂奶，所以咪咪比较大。这里面，是要储藏乳汁的。"

孩子问我性方面的问题时，我很少刻意回避，但也不会过度讲解男性和女性的不同。有些家长，面对孩子这样的问题，也许会随便给个答案。可我不会，我从来都是有问必答，"有求必应"，这是我育儿的信条。

🎗 三岁开始，进一步认识自己的身体

我一直认为，性教育的前提是身体教育。从孩子出生开始，身体教育就要开始了。鼻子在哪儿，屁股在哪儿，小鸡鸡在哪儿，乳房在哪儿，等等。

我建议家长们，可以在孩子八个月左右时开始带孩子阅读相关的绘本或者卡片，让孩子对身体有一个基本的认知。比如，读《我们的身体》这种绘本，可以带孩子认识人体的构造、器官等。各个器官有什么用？食物在身体里是怎么消化的？

读绘本之前，你告诉孩子吃很多冰激凌肚子会痛，他根本不当回事。但在了解了肚子里有什么之后，他就变得听话了。因为他亲眼看到了胃的构造，知道食物是怎么进去的。胃是身体的一部分，一定要好好保护。

至于性教育，我建议大家，一般在孩子三岁时，再引导他们进一步认识自己的身体。

在这个阶段，很多家长会告诉孩子，千万不要让陌生人碰

你的身体，或者是不能摸你的小内裤、小背心遮住的地方。

如果说后一句话还有一点教育意义，那前一句话真是一点用都没有。不让陌生人碰，那隔壁的叔叔呢？看门的老爷爷呢？小卖部的阿姨呢？他们都不是陌生人，他们就能碰吗？

所以说，对孩子真正有用的教育，应该是把"不能"换成"只能"。比如，洗澡的时候，只能妈妈碰。如果你是女生，爸爸是男生，那爸爸也不能随意触碰你的身体。

🎖 孩子不舒服，就一定有问题

还有一点需要大家重视的是，孩子一旦说他跟谁在一起感觉不舒服，那就一定要相信孩子的话。

不管是涉及小内裤、小背心遮住的地方，还是其他地方，只要孩子觉得不舒服，就一定有问题。这句话是一位非常著名的犯罪心理学家告诉我的。

他说，在他多年的工作经验中，他发现，任何的安全教育都比不上相信孩子的感觉重要。

🎖 接纳孩子对自己的"性格认定"

对孩子的性教育中，还有一个重要的组成部分，那就是孩子的性格认定。很多家长说，现在男女的差异化越来越小了，男孩子可以扎辫子，女孩子也可以留寸头。这种外在的表现，不会改变孩子的生理性别，但对孩子的性格认定多少会有一些影响。

首先，要让孩子知道"我是男孩还是女孩"。

最可靠、最基础的性别教育，是从孩子两三岁开始的。家长可以给孩子一个人物画册，直观地观察男女之间的差异。虽然按照外表去判断性别如今已经越来越不可靠，但是这种方法最简单直接，可以帮助孩子建立对于性别80%的认知。

到孩子八岁的时候，他就能建立完全认知。这时，你不用再教他，他会根据自己积累的经验，去判断对方是男是女。哪怕一个阿姨理了寸头，他也知道她是个阿姨。

其次，要让孩子意识到"我是男生还是女生"。

很多家长会问："阳子老师，我儿子特别喜欢玩芭比娃娃，怎么办？我儿子特别喜欢粉红色，怎么办？"

这样的担忧，我不知道来自何处。在18、19世纪的欧洲，就有穿粉红色服装的士兵，他们不阳刚吗？所以，颜色和玩具的选择，不会决定一个男孩子是否阳刚。

汐仔特别喜欢粉色，我对他说："宝贝，粉色一般是女孩喜欢的颜色。但是你只要觉得没问题，妈妈就给你买。"他很坚定地说要粉色，我立刻就给他买了一双粉色的鞋子。

他很骄傲地穿着那双粉鞋在学校走来走去，引来了很多人的目光。可是，即便他遭受了异样的眼光，我也觉得，这是他自己的选择，他完全可以承受。他会发现，社会对颜色赋予了一些特殊的意义。但这不是他的问题，而是社会的问题。我会告诉他，这个问题我没法帮他挡住，也没法帮他解决，必须要他自己去处理。

对孩子性格的认定，我是持开放态度的。

多年来，我老公给我留下的都是很强硬的印象，是说一不二的军人做派。可在接纳孩子时，他很好地承担起了父亲的角色。

我希望所有家长，都能像我们一样，坚定地支持自己的孩子。让孩子知道，你们永远在他身边，永远是他坚强的后盾。

游戏

1. 肚子鼓

家长会认为早教仅仅是给孩子的，但实际上更多的是在教家长，只有家长知道如何进行早教，如何玩，才能更好地带宝宝玩起来，让宝宝在"玩中学"。像生活中最常见的矿泉水瓶，我们就可以充分利用起来。

　　我们可以准备 2 ~ 4 个干净的矿泉水瓶，把矿泉水瓶固定在衣服里。瓶身在衣服里，瓶盖在衣服外，拧紧，即可固定。这样宝宝就可以进行敲打了，可以充分满足宝宝的拍打需求。

　　孩子笑了就对了

2. 石头搭叠

你有没有发现，孩子对买回来的玩具并没有那么感兴趣，玩一会儿就不玩了，反而对家里的"破烂"格外感兴趣。"破烂"能玩吗？当然能玩，而且要多玩。"破烂"只要清洁干净，就是宝宝最好的玩具！

在进行这个游戏前需要先跟宝宝一起寻找游戏的"原材料"。我们可以带着宝宝在公园里捡石头，不断下蹲捡石头还

可以促进宝宝平衡感的建立。选择相对平整且达到安全尺寸的
石头来进行搭叠游戏。和规则积木的搭叠相比，用不规则的
石头搭叠会更加具有挑战性，对宝宝的精细动作也有更高的
要求。

3. 温度触觉袋

　　这个游戏需要先准备三个密封袋，每个袋子中分别装入冷水、常温水和热水，装好后将袋子密封好。然后我们可以让宝宝来触摸三个袋子，感受不同的温度。游戏中，宝宝在触摸不同的温度袋时，我们可以告诉宝宝"这是冷的""这是温的""这是热的"。这个游戏不仅可以提升宝宝的认知，还可以带给宝宝丰富的触觉体验。

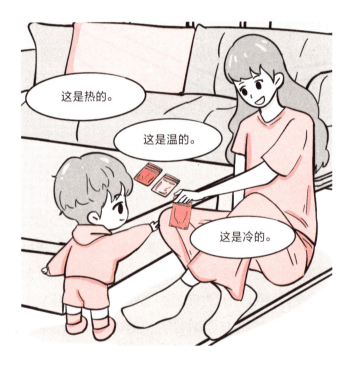

孩子笑了就对了

第四章

快乐沟通，
和孩子说说心里话

有限度地爱孩子，与他平等沟通

很多与孩子沟通不畅的家长，经常受困的一个问题是：和孩子的沟通中，他的意见重要吗？

有的家长只把孩子当孩子，觉得孩子的意见不重要，根本不放在心上；有的家长却把孩子当祖宗，孩子说什么就是什么，所有要求都一一满足。这两种态度，都很可怕。孩子是家里的一分子，当然有发言权，但是，也不能他说什么都对，这对你是不公平的。

面对需要探讨的事情，我们家会经常开家庭会议。在会议上，每个人都可以自由表达自己的观点。我很享受聆听孩子意见的时刻，它让我明白，不要把自己想得有多厉害。即便我是教育专家，养育酷仔和汐仔，也都是第一次。他们是独立的个体，有与众不同之处。与他们的每次沟通，我都有新的认识。

很多家长都会做一件很可笑的事，鼓励孩子说出想法，却又立刻质问孩子，你觉得这个想法有道理吗？如果你让孩子表达观点的目的，只是批判他，那这种沟通又有什么价值呢？

🎗 孩子有道理，家长要妥协

跟一些家长比起来，我是一个相对容易妥协的人。可是，这不代表我没有原则，而是我真的发现，有时候孩子所说更有道理。

有一次我们去湖南玩。第一天的行程结束之后，我盘算了一下时间，如果第二天去湖南博物院，就赶不上飞机了。所以，我的第一反应是取消去博物馆的计划。可是酷仔不同意，他非要去。我只好说："那你来规划一下具体的时间和行程。"酷仔接过话头："最近几年我们可能都不会来湖南玩了，我真的很想去看看。赶飞机来不及的话，我们可不可以不坐飞机？能不能坐火车回北京？火车票很便宜，我们还能看沿途的风景。"

听了他的建议，我俩开始研究退票费是多少。结果发现，即使算上退票费，坐火车仍然更便宜。于是，我们把机票退掉，买了火车票。

在返京的火车上，我一直在自我反省。我觉得自己是一个很会过日子的人，为了省下退票费，我甚至已经打算否定酷仔的建议了。但事实证明，他比我想象中厉害得多。一路上，他都得意扬扬地看着我，好像在说，没有我的话，你能看到这么美的风景吗？能笑得这么开心吗？

看到他脸上的笑容，我很庆幸自己妥协了。为了让孩子笑，做出一些让步又有什么不可呢？而且，那天我们不仅省了钱，还看到了沿途的美景。

🎖 无条件地爱，不等于无限度地爱

与完全否定孩子相对应的，就是无限度地接纳孩子，孩子说什么都听。有些家长以为，这是无条件养育，是对孩子无条件的爱。事实上，无条件并不等于无限度。

无条件是指，爱孩子是没有任何前提条件的，爱可以是无限度的，但是孩子想做的事情，孩子的欲望，一定是有限度的。两者不能混为一谈。

在我们家，有一个很重要的宗旨：每个人都要开心，即便做不到这样，至少不能每个人都不开心。如果只有孩子开心，而我却不开心，这也不行。

我跟两个儿子交流的时候，会非常明确地告诉他们：妈妈很爱你们，超级爱你们。但是如果你们做了违背规则的事，那我也会很生气。

有一次，我们全家出游，爸爸正在开车，酷仔却非要跟爸爸闹着玩，这很危险，对全家人的安全都是一种威胁。于是，我立刻让爸爸停车。严肃地对酷仔说："你这样做，我很不开心。我说过，如果你影响司机驾驶，做危险事情的话，今天的活动就要取消，除非你非常深刻地做检讨。"酷仔知道，我不经常生气，但是我一生气，就一定是我们家的大事。

"你这样做，我很不开心！"这句话，对酷仔来说已经很重了。他非常严肃认真地做了检讨，我也非常严肃地又说了他一顿。

经过这件事之后，酷仔再也没有在爸爸开车的时候跟他打闹过。虽然我爱他，但我不会毫无限度，我会给他一个底线，任何时候都不能触碰。

家长朋友们，无条件养育的前提，确实是无条件的爱。同时，你要捍卫自己的原则，让孩子学会尊重规则。在规则允许的情况下，做自己想做的事，说自己想说的话，这是不矛盾的。

🎗情绪上头时，不要试图讲道理

如果每个孩子都能像酷仔那样，愿意主动承认错误，家长们可以省心很多。但更多的时候，孩子在听到批评的声音时，往往容易情绪上头，关闭沟通的通道。

很多家长觉得，孩子这是故意为之，惹家长生气的。于是喋喋不休地给孩子摆事实、讲道理，期待通过这样的方式去感化孩子。可是，孩子已经把耳朵关闭了，你说再多，他也听不到。这个时候，讲道理其实是最没用的事。

如果道理能讲明白，我相信随便哪个人都能变成伟人！从小到大，咱们听了多少道理？好好学习，才能出人头地。可是为什么大多数人还是普普通通？很简单，我们没学好，或者是学了却没用上。

所以，当孩子的情绪上头时，一定不要试图给他讲道理，我们可以试着去做一件事情，即与孩子共度情绪。

什么是共度情绪？就是陪孩子走过情绪的难关。孩子可以发脾气，可以很不开心，家长会真诚地陪伴他们。只是，情绪过后，一定要做好复盘。这件事情为什么会发生？孩子当时的感受是什么？有没有更好的处理方法？

我们要看到孩子的情绪，要寻求怎样才能让孩子重新露出笑容的解决方法，这样才能更容易理解孩子，更容易走进孩子心里。

🎖 跟孩子平等沟通的三个原则

对0～6岁的孩子来说，好好说话其实是个极高的要求。尤其是三岁之前的男孩子，思想是长在嘴前面的。他能想到，能理解，就是说不出来。就像一首歌唱的那样"爱你在心口难开"。孩子其实是爱你的，可是他不知道怎么说出来，这对他其实也是一种煎熬。

这就要求家长能在沟通中看到自己的孩子，在遵守以下原则的前提下，与孩子进行沟通。

第一个原则，允许孩子犟嘴，每个人都有权利说出自己的观点。

不管孩子的年龄多大，他都是个独立的人，都得允许他有思想。小的时候不让他表达，长大了他就没有自己的思想了。

我们经常讲，一个听话的孩子，在长大成人后可能会无路可走。因为他习惯了听家长的，步入社会就不知道应该听谁的了，是听老婆的还是听上司的？怎么判断他们说的是对还是错？他会深陷困惑，更不敢开口说话，沟通只会越来越难。

第二个原则，允许孩子把话说完，即便要等等，也没关系。

很多家长都是急性子，跟孩子沟通的时候，总希望孩子能一口气把话说完。但事实上，孩子情绪上来的时候往往说不出话。比如我家汐仔，前段时间，想玩哥哥的《三国杀》的卡牌，哥哥不给他玩，他就哭到不行。一直哭一直哭，想说什么都说不出来。我们等了很久，直到他把想说的话——"我想玩他的卡牌，他为什么不给我，我就想要。"——说出来，情绪才好多了。

第三个原则，爱是无条件的，满足却是有条件的，两者不能混为一谈。

有的家长觉得，满足是无条件的，什么都可以满足孩子，可是孩子一旦表现不好，立刻就不喜欢他。身为家长，这样做是有问题的。你得学会恰当、及时地拒绝孩子，体会到被拒绝的感受，对孩子的成长是非常重要的。

一个孩子真实地表达了观点之后，如果观点合理，你妥协；观点不合理，他妥协。这是很平常的沟通过程，要知道，被拒绝是每个人都要接受的教育。

很多家长之所以无法和孩子平等沟通，就是因为对孩子的定位不够准确。把孩子看作家庭的重要一员，尊重他是一个独立的个体，允许他有表达观点的权利，也让他看到被拒绝的结果。不宠溺，不偏视，平等对待，孩子才能快乐成长。

每个孩子，都渴望被看见

孩子刚刚出生的时候，不会完整地表达自己的想法和需求。更多的时候，他们会用哭声告诉父母，自己想要什么。随着年龄的增长，他们开始会比画，会说，会用各种语言把自己的需求告诉父母。

在这个循序渐进的过程中，孩子的需求逐渐增多，对沟通的要求也越来越高。

🎖 六岁前孩子的三类需求

在孩子六岁以前，需求都很简单，一般只有三类。

第一类是生理上的需求，困了、饿了、渴了、冷了、热了等，这是孩子生存的必需保障。

第二类是心理上的需求，要妈妈陪在身边，要爸爸关注自己。这会让孩子在心理层面得到满足。

第三类是被理解和交流上的需求，孩子希望得到认同，这会让孩子产生更多的自我认同。

所以，家长们，如果你总对六岁之前的孩子说"你能不能独立点"，那答案一定是否定的，孩子一定是不满的。这个年龄段的孩子，需要父母的陪伴和肯定，有正向的反馈，他们的人生之路才能走得更稳，走得更远。

带着让孩子彻底独立的想法跟孩子沟通，也必然会出现问题。连孩子的基本成长规律都不尊重，又怎么能走进孩子的内心世界呢？

🎗 多说、多听、多看

跟孩子沟通问题，或是陪伴他的时候，要多说、多听、多看。很多家长会有疑问，多说和多听不矛盾吗？

完全不矛盾！多说话，是在传递信息，尤其在孩子表达能力不足的时候，这是帮助孩子快速汲取养料的好方法。而多听，是在孩子想说的时候任由他说，家长认真听着就行，这能让孩子感受到你对他的关注和关心，他会更愿意说。

而且，有的时候，倾听的内容并不单单指口头语言，还可以是孩子的肢体动作、表情等。一边关注孩子的肢体、表情变化，一边和孩子聊天、沟通，这非但不矛盾，反而会提升沟通效率。至于多看，是要时刻观察孩子，当孩子出现问题，或者有需求的时候，能够及时发现。

我跟两个儿子在一起，很少正襟危坐地交谈。我也不会每天问酷仔一次，最近有什么需要妈妈帮助的吗？要不要买新的文具？有没有需要用钱的地方？因为我知道，80%的答案都是否定的，顶多20%是肯定的。

我不会每天介入他的生活，追着他问有什么需要，但我的眼睛会无时无刻不在观察。有一天，我发现酷仔的闹钟坏了，时针走到9点就停住不动了。于是，我给他换了个新的。酷仔看到后，对我说："妈妈，你真厉害！"我问为什么，他说："我的闹钟坏了，你都发现了，你是怎么做到的？"我告诉他，因为我一直在观察。虽然没有问，也没有说，可我能看到你需要什么。

还有，汐仔一直非常喜欢奥特曼。前段时间，正走在路上，他看到一个小朋友手里拿着一本奥特曼的书。他的目光立刻被那本书吸引过去了，我看到了他对那本书的渴望。于是，我很快到书店给他买了一本。也许，有些家长觉得，我这是溺爱。但在我看来，这更多的是珍视。

酷仔和汐仔对我来说都是很重要的人。他们需要的东西，我会尽力满足。东西也许不起眼，但是能让他们感受到，妈妈是能看到他们有需求的。他们知道，妈妈是爱他们的。有了爱的滋养，他们的快乐就会翻倍。

小时候，有那么一段时期，我很喜欢哈利·波特。那时，还没有淘宝，也没有各种购物软件，我家又住在遥远的新疆，想要买到哈利·波特的书，可以说是难于上青天。

可我真的很喜欢，很想要，有一天，我终于忍不住跟爸爸说了我的想法。没想到，两三个月之后，我收到了爸爸送我的一套全英文的《哈利·波特》小说集。那一天，我记得特别清楚，连包装箱都显得特别精美。后来我才知道，为了买那套书，爸爸托了很多人，几经辗转才从英国邮寄到新疆。正是从那套书开始，我开始了英语阅读。

不需要爸爸多说，我就知道他做这件事有多不容易。现在看来，一套书也许不算多贵重，但其中蕴含的厚重的爱，是我永远都不会忘记的。

我看到了父亲对我的关注和支持，体会到了收到书时的快乐和兴奋。那一刻的感受，直到今天我都记忆犹新。

可是，现在很多家长都做不到这一点，他们看不到孩子的问题和需要，自然无法跟孩子有更多的交流，也无法让孩子快乐起来。

🎖 最好避开不谈的三个话题

在多年的早教生涯中，我发现，很多家长都会在下面几个话题上栽跟头。想要跟孩子好好沟通的家长们，请注意规避。

第一个话题，看完这本书你学到了什么？

这个问题，家长们不止一次地提过。我很想问大家的一个问题是，一本能带来笑声的书，本身是不是就很珍贵？不是所有的书都要讲道理，能让孩子哈哈一笑的书，也是有价值的。

有一本叫《噗噗噗》的绘本，它没讲任何道理，就是好玩儿。在某些家长看来，它可能不值得看，但对孩子来说，它十分有趣。

家长和孩子的审美是不同的，对书的理解也不同。所以，千万不要试图跟孩子谈学到了什么之类的话题。你们不在一个频道上，沟通起来也是风马牛不相及，没必要在这上面浪费时间。

第二个话题，你的人生规划和展望是什么？

很多家长总希望帮孩子规划人生，这个话题自然也是他们关注的重点。可是，扪心自问，你们自己的人生规划好了吗？

有时候，我会自我反省：我连来年的工作都规划不好，还企图跟孩子谈他的人生规划，这不是天方夜谭吗？

所以，我跟孩子最常做的规划，就是这个周末我们要干什么。再远一点的话，就是这个暑假想干什么。我们只规划很具体的事情，而不会尝试规划遥远的未来。孩子未来会成为什么样，没人预料得到。无论功成名就还是碌碌无为，那都是他自己的生活。从小开始展望，只会给孩子徒增压力，让他对此心生反感。

第三个话题，能不能分享一些你的小秘密？

每个人都有自己的秘密花园，孩子当然也不例外。孩子不想主动告诉你的事情，就不要试图去问。否则，孩子会立刻关闭心门，沟通会戛然而止。

作为家长，如果你真的想走进孩子的内心，可以采用"旁敲侧击""迂回前进"的方式。在日常生活中一点点积累，从而找到和孩子的共同语言。酷仔和汐仔的同学，他们的名字我都记得住。很多家长觉得很奇怪，我为什么要做这件事情。

原因其实很简单，因为他们是我孩子的同学。我经常说，儿子喜欢我就喜欢。他的同学，我必须重视。了解他的同学，当孩子回家跟我讲他的某个同学的事情时，我就能有话可接。

比如，他跟我说："妈妈，你知道吗，唐昊天又跟老师瞎告状。"我知道唐昊天是谁，就能跟他聊起来。孩子说谁我都一头雾水，那他肯定没兴趣继续跟我聊啊！

这些看似无聊的事情，很多家长都觉得没有价值，没有了解的必要。可是，如果你把它想象成一座桥梁，孩子愿意跟你分享生活的桥梁，它的价值是不是就无限大了？

有的时候，我会想，我会不会一直这样爱孩子之所爱？也许不会。比如说，孩子理了个奇怪的发型，穿了件怪异的衣服，我也许不会喜欢。但我一定会尊重孩子，我一定百分之百地尝试了解他的喜好，而且我一定愿意听他那样做的理由。

在成长的不同阶段，孩子会有不同的需求，与家长的关系也会发生变化。他会从在你身上黏着、挂着不下来，到慢慢地独立，再到慢慢地走远。这是不可逆转的生命轨迹，也是家长必须面对的现实。孩子所走的每一步，我都希望让他知道，他想要的妈妈都能给。这无关物质，而是关乎爱，关乎关注，关乎尊重，关乎彼此的陪伴。在 0～6 岁，如果孩子体会到了被关注、被爱着的感觉，那么这一辈子，他都会是一个不轻易放下自尊的人。他会知道自己是个被人珍视的人，他对别人是很重要的。

亲子之间，需要建立安全感

很长一段时间以来，总有家长关心孩子的安全感，给我提出的问题也是五花八门的。

"阳子老师，我的孩子老是哭，是不是缺乏安全感？"

"阳子老师，我的孩子不敢说话，是不是安全感不够？"

…………

这些问题给我的感觉，似乎安全感是治愈一切的良药。其实，只要家长能好好地陪伴孩子，跟他聊天儿，陪他玩游戏，孩子的安全感就会逐渐变强。

🎗 安全感是孩子敞开心扉的基础

我认同，安全感是一个孩子好好生活的基础。它能让孩子心有依托，知道自己身后有一个人甚至一个家庭撑腰。一旦失去了内心的安全感，孩子的世界可能会就此崩塌。

有一个女孩子，小时候家里的经济条件有限，她妈妈总是跟她说："孩子呀，咱们家这么穷，你必须好好学习。妈妈养你太不容易了，你要是不争气，咱们家就没有指望了。"

这个女孩子跟我讲，她永远记得小时候的一件事。当时，她想报名参加一个写作比赛，可是不敢报。因为报名费要20元，她怕拿不到奖，这笔钱就白费了，那会很对不起妈妈。

直到现在，她仍然很没有安全感，仍然很担心自己随时会被这个世界抛弃。她的内心世界一直很难获得平静，也很难从安全感中汲取力量。

看完这个故事，相信很多人会进行反驳："阳子老师，我们家确实很穷怎么办？难道我要骗孩子，告诉他家里很有钱？"

我当然不是要让家长撒谎，我想说的是，穷并不会让孩子丧失安全感，哭穷才会。

穷是一种状态，孩子可以理解。哭穷却是家长的错误教育方式，会让孩子的心理产生扭曲。

穷没关系，我的性格很好，我家的氛围很好，我比别人拥有更多的快乐。经过这样的自然感知，孩子的安全感不会缺失。但是，如果家长在孩子面前强调自己做出的牺牲，向孩子哭穷，绝对会破坏孩子的安全感。

在与孩子沟通的过程中，家长千万不要把哭穷之类的负面情绪带进来。家庭条件不好，你可以跟自己的爱人去沟通，去商量解决办法。如果你让孩子承受这些，就等于在把他往缺乏安全感的路上推。

没有了安全感，无论你跟孩子说什么，他都不会理会。

🎗️用爱的语言，让孩子幸福成长

有些家长问我，阳子老师，想给孩子安全感，要说爱的语言，是不是意味着所有不好的话、不好的事都不能说？当然不是！

比如，我的两个儿子长相差距很大，大儿子长得极帅，小儿子长得一般。他们两个一起走在路上，总有人说我小儿子长得不太好看。我很纳闷，怎么会有这样的人？当着面就说人家的孩子丑。

我很担心这种情况会让汐仔受到伤害，由此降低内心的安全感，于是专门跟他讨论了这件事。

我问他，别人说那样的话，会不会让你不舒服？

他说，当然会，我很讨厌别人说我长得丑。

我劝慰他说，汐仔，你特别喜欢吃西瓜，哥哥却不喜欢吃，这是西瓜的问题吗？不是！这是你们喜好不同带来的结果。同样，别人觉得你长得丑或帅，也只是别人根据自己的喜好做出的评判，跟你没有关系，你没有做错任何事。他说你丑，是他不懂尊重人，是他的错。我们绝对不能像他那样，绝对不去评判别人的长相。

汐仔很高兴地点点头，我知道，他的安全感没有被破坏。

一个孩子总是被人说丑，被人说不乖，被人说不好，一定会丧失一部分安全感。但这就是真实的世界，各种不好的评价随时可能降临到你的孩子身上。如果你能用爱的语言，让孩子感受到关爱，那么他的安全感也许就不会丧失。

🎗给孩子兜底，让他重拾安全感

我经常跟家长们讲一句话，妈妈是给孩子兜底的。什么叫兜底？就是即便全世界都站在孩子的对立面，还有妈妈站在孩子一边。

比如说，孩子遭受挫折了，在外面被欺负了，你得知的第一瞬间，是指责他，还是站在他的面前安慰他？我经常跟儿子讲，没什么事儿是过不去的，真的有大事儿，妈妈和你一起面对。我要让孩子知道，遇到挫折的时候方知父母是天的道理。

父母要为孩子解决的事，大部分和钱没有关系，而是要给孩子有人撑腰的感觉，让他的安全感瞬间爆棚。

前段时间，酷仔参加了斯巴达小勇士的活动。

在第一个泥潭，他就重重地摔了进去。他像其他小朋友一样，第一个反应是看妈妈。面对这种情况，很多家长会指着孩子说，怎么摔倒了，赶紧爬起来。我却说，酷仔，能爬起来就爬，爬不起来就算了。他冲我笑一笑，似乎在说"好"。我又说，你真是太酷了，满身都是泥。他笑了笑，很快就爬了起来。

那场比赛，酷仔最终拿到了第三名。回家之后，他每天睡觉，都要抱着那块奖牌。酷仔平常学习很好，但是参加体育比赛的机会很少，所以他对奖牌格外珍视。

家长们，当孩子遭遇挫折时，你们一定要在背后给孩子撑腰，给孩子兜底，这是孩子安全感的最大来源。

我知道，对有些家长来说，做到这一点其实很难。因为他们本身就是缺乏安全感的人。他们总会质疑自己，究竟能不能给孩子带来安全感？

其实，你有没有安全感和你能不能给孩子安全感是两码事。你虽然没有很好地被养育，但你能成为一个合格的保护者，这一点毋庸置疑。至于原因，就像我们常说的那样，淋过雨的人，总想给别人撑起一把伞。

当你为孩子撑起一把伞，孩子也会为你撑起一把伞。互相温暖，彼此有爱，双方的安全感就会建立起来。

很多妈妈曾经跟我说："阳子老师，你知道吗，我是一个极度缺乏安全感的人，可是在养育孩子的过程中，我神奇地找回了自己的安全感。"言语中的兴奋和激动，令我深深动容。

之所以感同身受，是因为我也有过这样的体会。我人生中最亲密的人，是我的父亲。他离世之后，我就很没有安全感。每天回家，再也没人像他那样给我一个拥抱，这让我感受不到家庭的温暖。

直到我有了自己的孩子，他们开始懂得拥抱我时，我才重新有了自己的安全感。他们让我知道，当我整装待发，当我强大起来，做好一个母亲的时候，他们会无条件地信任我、爱我。仅仅这一点，就足够了。

聊具体话题，让孩子说出心里话

年龄太小的孩子，基本没有主动沟通的能力。想跟六岁以内的孩子沟通，就要给他抛非常具体的问题。

比如说，你今天在幼儿园吃包子了没有？你喜不喜欢吃？你今天有没有玩滑梯？跟谁一起玩的？这都是很具体的话题，孩子回答起来比较清晰。

如果你只是问孩子，你今天在幼儿园过得怎么样，孩子除了回答"开心"，还能回答什么？你的问题太笼统，他回答不上来。

这种空泛的话题，无法支撑你们的对话，聊不了两句，沟通就结束了。你不知道其中的原因，就会陷入沮丧情绪。怎么办？孩子不爱跟我说话。其实呢，不是孩子不爱说，是他说不出来。

如果你能找到一个具体的事情或物品，以此为话题，慢慢你就会发现，孩子会主动地表达自己了。

🎗 适合跟孩子聊的两类话题

第一类话题：衣食住行

让孩子主动沟通，话题一定得是他们感兴趣的。最常见的一类话题，非衣食住行莫属了。很多家长都觉得，这些东西太平常，没什么值得聊的。

但在我们家，衣食住行加屎尿屁，支撑了我和酷仔、汐仔80%的对话。你想吃什么？吃完以后拉出来是什么样的？也许你觉得这些很脏，但对孩子来说，这些是他们日常生活的一部分，也是非常重要的事，谈论这些会非常有意思。

所以，我每天都会问汐仔，你今天吃什么了呀？吃稀饭了没有？吃包子了没有？看起来很无趣，但汐仔很高兴，而我又能了解他在学校的情况，何乐而不为呢？

第二类话题：精神层面

精神层面的聊天儿，更多是靠绘本素材。我们经常讲，看绘本三分看七分聊，看一本绘本能聊一个星期。

前一段时间，汐仔很爱看《包姆与凯罗》，我们聊到他们家的装饰，很多都有自己的元素。比如说，包姆的椅子上有包姆的头像，凯罗的椅子上有凯罗的头像，杯子也是一样。我们就开始畅想，如果以后搬新家了，我们要设计哪些东西。汐仔很坚定地说，他需要一个属于自己的小马桶，而且很希望自己的照片能被印在马桶上。

后来，我们发现搬家遥遥无期，就先做了一件让汐仔高兴的事。我们在他的小马桶上，贴上了他的照片。为此，他兴奋了好几天。

在看了一本故事书或一部动画片后，家长就可以这样跟孩子沟通，孩子是愿意在这种情况下跟父母说话的。

🎗 把孩子放在如鱼得水的环境里

很多家长觉得，社交和表达就是指孩子很爱交朋友，很爱说话。这样的理解，未免贬低了它们的价值。不夸张地说，社交和表达就是一切。

社交和表达是孩子愉悦自己、让自己拥有更好感受的事情，如果愿意加入别人的圈子，他会表达自己的需求。如果还没有做好准备，只想观察别人，那也可以充分地观察。

在社交和表达中，家长的角色应该是示范者，向孩子示范问题是怎么发生的，好的沟通语言是如何运用的。

家长和孩子一起，把语言当成工具，看看能解决什么问题，怎么做才能帮孩子更快地交到朋友。当孩子尝到社交的"甜"，他就会想出各种各样的方法，用好这块敲门砖，让自己在社交生活中如鱼得水。

可是，在现实生活中，我看到更多的，是家长的错误教养，让孩子关闭了心门，不愿主动与人沟通。在一些平台上，我有咨询活动，咨询费相对比较贵。有一位妈妈提出很多次咨询请求，我都因为没有时间推托了。后来，她给我写了一封很长的信，大意是说，她的孩子四岁了，发育有些迟缓，大概相当于三岁的智能水平。他最大的问题是，始终不愿意与别人交流。

看到他的学校和我儿子的幼儿园离得很近，我就去看了一下。结果发现，这位妈妈让孩子做的事情，才是导致孩子不愿沟通的"罪魁祸首"。

她觉得孩子不爱交流，是因为口才不好，于是给他报了一个口才班。她向我描述的孩子不愿与人交流的情况，是发生在口才班的情况。

口才班里的孩子，大都是伶牙俐齿的，任何一个东西，恨不得能用七个词儿来形容。一个表达不畅的孩子，你让他去参加口才班，他会是什么感受？

除了深深的自卑，孩子恐怕很难有其他感受。这种自卑会被他带到幼儿园里，他会觉得自己太差劲了，觉得自己不行，根本不想跟别人交往。

发现了问题的根源，我对那位妈妈说：首先，我们要接受孩子发育迟缓、比其他小朋友的智能稍弱的事实；其次，别让孩子上口才班，而是让他在幼儿园小班再上一年。

这个妈妈听从了我的建议，没过多久，她就激动地对我说："阳子老师，我都不知道怎么感谢你才好。我家孩子在上学的第二周，就告诉我说，他交到了三个朋友，还把他们的名字一一告诉了我。听他说完，我回到屋子里号啕大哭。"

我能理解这个妈妈对孩子的爱有多深，可是她错付了爱，才误以为自己的孩子不愿社交，搞得自己疲惫，孩子恐惧。

家长们，如果你们不懂孩子的具体需求，不知道让孩子品尝社交的"甜"，那他是不会被社交吸引的。只有把他放在如鱼得水的环境里，他才能在社交中展现自信，绽放笑容。

不同场景下的高难度沟通

如何解决孩子的心理问题，是现在的家长面临的一个重大挑战。只有保障孩子身心健康，才能让孩子快乐学习，健康成长。当家庭出现离婚、破产、生病等重大变故时，我们该如何和孩子沟通，才能不让孩子产生心结呢？这节内容我们来好好聊一聊。

🎗 怎么跟孩子谈父母离异

这几年来，伴随着社会的一些变化，离婚率节节攀高，问我这个话题的父母越来越多了。在我看来，**任何的解释在孩子的心底力量面前都一文不值。**

之前，有人给清华附中的孩子做了一项关于"最烦恼的事情是什么"的小调查，其中第一项就是爸妈吵架，很多孩子都会写一句"你们不如离婚"。

孩子真正怕的是父母离婚吗？不是的，怕的是父母无休止的争吵和冷战。如果离婚能换来家庭的平静、母亲的温柔、父亲的宽容，那对孩子来说何尝不是一件好事？

但是，很多人会在问我离婚问题的时候加上一句，"我都是为了孩子才不离婚的"，这其实是一句非常有杀伤力的话。

我认识一位非常优秀的女老师，目前还没有结婚，她就是这句话的深度受伤者。她跟我讲，从小妈妈就一直对她说，要不是你，我早跟你爸离婚了；要不是你，我不会跟你爸过。以至于她长大以后，始终觉得自己是个累赘，感觉跟谁在一起都是拖累。

所以，我想对父母说，永远不要拿孩子当你失败婚姻的挡箭牌。实际上，孩子不需要你为了他而不离婚，然后天天吵架，这无法让孩子开心起来，反而会让孩子变得郁郁寡欢，承受着这个年龄不该承受的痛苦。

那如果父母真的想离婚了，该怎么和孩子解释呢？我的观点是：

第一，坦诚地对孩子说清楚父母之间关系的情况。你可以坦白地对孩子说，爸爸妈妈过不下去了，但这不是你的问题，跟你没有一点关系。

第二，对以后的生活做出承诺。比如，可以和孩子说分开以后你和妈妈或者爸爸一起生活，家庭环境可能会变化，生活水平会调整，但我们还是会很爱你，会定期看你，带你出去玩，等等。

如果孩子不接受，可以先让孩子适应你们分开的环境。我曾经见过一些小孩子，得知爸妈要离婚的时候，哭着闹着说不要离婚。针对这种情况，首先，我希望父母要先想清楚，离婚是为了幸福，还是为了满足自己的利益，如果结果是对人对己都好的，那可以选择。

第三，为了让孩子接受这件事情，不给孩子内心留下阴影，我希望家长朋友们在做出离婚的选择之前，先尝试分居，让孩子适应这样的环境。或者，通过一些绘本让孩子了解这样做的原因、目的和结果。比如，有一个绘本中讲道，一个小动物的爸爸妈妈分开了，他会定期住到爸爸家，或者爸爸有时间来看他，带他出去玩，他们相处得其乐融融，他反而更加开心了。

除了离婚之外，还有很多人问我，如果家庭突发变故，该怎么和孩子说呢？

🎗 突发变故怎么和孩子说

对于变故，所有家长应该明白，孩子对钱的感知非常低。有一天，我出于好奇问了我家孩子这个问题。

我："酷仔，你觉得咱们家有没有钱？"

他："咱们家应该不穷吧。"

我："你对于不穷的定义是什么？"

他："不用要饭。"

我："你觉得富是什么？"

他："我也不知道富是什么，我好像不关心这些事儿。"

这就是一个十岁的孩子对钱的感知。所以，如果出现家庭变故，当孩子没有问你的时候，你不用过多和他讲；如果他一直问你，那你就坦诚地告诉他，我们家暂时有点困难，可能会在生活水平上有所调整，但爸爸妈妈在努力解决这个问题。你放心，该上的学还是得上，该吃的饭一口都不会少。

很多家长会问，跟孩子讲这些会不会太残忍了？我经常说，真正残忍的事情是，你告诉孩子世界是美好的，然后变故突然来敲门，开门的是孩子。

之前，我爸爸生病了，花掉了我们家几乎所有积蓄，我们也过了一段相对拮据的生活。有一次，我带酷仔路过国贸的一个游乐场，父母一方带着孩子进去要400块钱，他当时非常想去，但我没带他进去，这400块钱对当时的我来说挺多的。

我对酷仔说，真的很不好意思，爷爷现在要治病，需要用钱，400块钱也是很多钱，足够我们吃好几顿饭，也足够给爷爷买很多补品，你已经是小小男子汉了，要学会面对这件事情。你能听懂吗？他点点头说，听懂了。他没有哭，没有闹，直接和我走了。

后来，我们家慢慢变好了，酷仔六岁生日那天，我专门带他去了那个游乐场，买了票，对酷仔说，咱们的生活好起来了，以前去不起的游乐场，咱们现在可以随便去，你要不要办年卡？酷仔说，不要，没什么意思。

所以，当家庭真的发生重大变故，我们要和孩子说明时，需要注意以下几点：

第一点，正视现在的情况，不隐瞒、不欺骗。我经常给有的家长讲，有了孩子之后没有什么事情能打倒你，因为我们要让孩子看到坚强的妈妈。从本质上来说，生病、失败是我们每个人生活中一定会经历的事，那你能经历，凭什么认为孩子不能经历呢？

在你接受这个情况的同时，让孩子知道现在的情况。要知道，孩子是家里的一分子，不是来家里参观或者短住几天的人，不需要在他面前隐藏家里充满灰尘的角落。

第二点，积极给孩子讲清楚应对之策。无论是什么变故，在和孩子说清楚情况的同时，和孩子说清楚对策，这样孩子就不会陷入恐惧之中了，也可以帮助你们更好地面对。

第三点，把孩子当作共同参与者。比如，家里现在破产了，我们需要一家人共同承担。你的生活可能会有一些变化，以前要上的围棋课现在上不起了。

第四点，畅想未来。虽然我们会经历变故，但这只是一时的，而不是永远的。你要给孩子描绘生活变好之后的样子，给他一些希望，激发他应对的动力。

其实，很多时候，苦难都是我们想象出来的，与其无限想象，倒不如直接面对。

还有一种情况，家长如果遇到了一些难以启齿的问题，但孩子已经知道了，在这种情况下又该如何化解孩子的心结呢？

　　比如，我妈年轻的时候特别自卑。她头发黄黄的，从小村里人就叫她黄毛，以致她每天都包着头，戴着帽子。等到她上大学了，班里的同学说，你头发怎么这么好看，像洋娃娃一样？她才知道，原来事情是客观存在的，你觉得难看就难看，你觉得好看就好看。难以启齿的事情也一样，如果你不在乎，那没有什么难以启齿的，也没有什么是你不能向孩子倾诉的，也没有一件事情是不能牵着孩子的手一起面对的。

　　总而言之，很多家长觉得自己必须要足够强大，才能把生活中的变故告诉孩子，实际上不是这样的。无论你有没有准备，孩子都在成长。真正的做法应该是，把孩子当成家庭的一分子，坦诚地和孩子说清楚情况，并且一起去面对，因为孩子是让你变得更强的关键因素，能给你直面低谷的勇气和力量。

第五章

让孩子笑着去阅读

纯粹的快乐都在绘本里

我特别害怕家长问我这样的问题："阳子老师，我的孩子读什么绘本能够更聪明，能够更勇敢，能够爱分享？"不是我不知道怎么回答，而是他们的功利性，让我觉得孩子会很不开心。

任何一个绘本，都无法让孩子一下子变得更聪明、更优秀。同样的话，我说过很多遍，但是很多家长依然没有听进去。相信我，当你带着明确的功利目的去阅读的时候，结果往往是令人失望的。

很多时候，我们只有客观地、单纯地看待一个人时，才会不断地发现这个人身上的诸多闪光点——他很幽默，他很可爱，他很善良……每一个闪光点，都足以让我们觉得，自己在这段关系中获得了很强的愉悦感和纯粹的快乐。

阅读绘本的过程也是这样。真正好的绘本，往往都不带太强烈的功利色彩，不讲大道理，却能带给孩子纯真的快乐。

🎗 阅读绘本的意义

对孩子来说，阅读绘本的最大意义是什么？绘本能带给孩子好好生活的能力。"我能在阅读中获得很强的满足感。""我能让时间留在我这里。""我更加能体验到我自己和这个世界的联系。"这是阅读绘本之于孩子最重要的意义。

孩子在真正实现自主阅读之前，读绘本是一个必不可少的阶段。如果一个孩子从没读过绘本，那么，指望他六七岁时突然实现自主阅读，这无异于天方夜谭。孩子往往需要先尝到绘本的甜，才会慢慢爱上真正的自主阅读。这里说的"甜"，是指一种情感，一种情绪，一种感受。

那么，是否"甜"就意味着让孩子笑？并非所有绘本都会让孩子开心一笑，有的绘本会让孩子哭泣，如《抱抱》中真挚的情感和心境，会让人流下眼泪。这样的作品会引发孩子的情感共鸣，无疑也是值得推荐的。

什么叫情感共鸣？就是比如通过阅读绘本，我们会在无形中感受到书中小猩猩的孤寂、思念，感受到小猩猩见到妈妈时那种重逢的喜悦，感受到小猩猩被妈妈抱着时那温暖的感觉……这种情绪体验，是弥足珍贵的，值得我们每个人深思。

🎀 孩子哭了，还要读吗

很多家长经常问我："阳子老师，我家孩子读绘本时哭了，那么这本书是不是就不要再读了？"孩子哭了，这说明了两件事。第一，你的孩子听懂了故事，因为听不懂的孩子是不可能哭的。第二，孩子与故事中的角色产生了共情，他是一个心地柔软的人。就拿绘本《抱抱》来说，当孩子听完哭了时，你要告诉他："宝宝，你真的是个很善良的小朋友，你听明白了，对不对？你觉得小猩猩他很想妈妈，他很难过，你很心疼小猩猩，对不对？"也就是说，家长需要及时捕捉并欣赏孩子的共情力。至于这本书还要不要继续往下读，取决于你的孩子还想不想听。

很多家长都不想让孩子不快乐，不想看到孩子难过。读绘本时引发孩子短暂的哭泣，只是因为孩子代入了主人公的处境，产生了一种"悲伤"的情绪。这种悲伤不同于"不快乐"，它是一种情绪共鸣，是值得捕捉的美好品质。

情绪是个抛物线，快乐当然是上扬的曲线，而它的上扬，也需要下降的曲线来对比、衬托。也就是说，一个人如果没有哭过，没有悲伤过，那么，他就很难体会到什么是真正的快乐。而只有在绘本中体验到情感共鸣，为别人的幸福而快乐，为别人的难过而落泪的小孩子，才在阅读中升华了情感认知。

🎗 好绘本、好阅读，三步来完成

那么，怎么给孩子读好绘本呢？其实，我们可以把这个过程分为三步来完成。

首先，绘本本身和阅读年龄的选择。

就绘本本身而言，内容要优质，插画质量要上乘。绘本不同于故事书，它是以绘画为主、附有少量文字的书籍。对于年幼的孩子来说，他们需要的、喜欢的就是看插画，大量地看插画、分析插画、审视插画、临摹插画，并从中学会感受人类的各种情绪。

根据你的认知，选择读绘本的时机。很多家长问，多大的孩子可以开始绘本阅读？三个月是不是太早？一岁能听懂吗？这是个特别大的误区。孩子多大适合听绘本，取决于你什么时候开始给他讲。

很多家长觉得，要等孩子到了一定阶段，才开始给他读绘本，否则孩子听不懂。其实，不必刻意寻找、等待所谓的合适时机。孩子能听懂你讲的绘本，并不是你的阅读时机顺应了他的成长阶段，而是你的阅读将他推到了那个高度上。所以家长一定要记住，绘本阅读越早越好。这个"早"并不是刻意追求某一天，而是说，今天，当下，就是最好的时间。

同时，这也对家长选择绘本方面提出了更高的要求——绘本要更贴近孩子的生活，并且贴近他当下的阅读能力。很多家长会一味地追求获奖绘本、所谓的高级绘本。比如，给一岁的孩子买《四季时光》这本绘本好不好？事实上，这本绘本非常好，是我最爱的绘本之一。但是，一个一岁的孩子，他能做的只有"认知"，你不能期待他真的看明白书里大量的人物关系和英文单词。

其次，阅读者水平的高低，影响孩子的收听效果。

很多家长说，我自己不爱读书，所以我没法儿给孩子读绘本。我给大家分享一个小故事。我之前一个同事是清华大学的老师，学的是金融学。她一直觉得，早期教育不就是陪孩子玩吗？

有一天，她来看我给老师们培训，当时就震惊了。她说她从来没有想过，同一个绘本在她的手里和在我手里，由她讲出和由我讲出竟然完全不同。然后，她模仿我给老师培训的方式，回去给孩子重新讲了一本绘本。那个绘本是她的孩子最不喜欢听的，叫《晚安，大猩猩》。

因为《晚安，大猩猩》这本绘本的字非常少，就几个字：晚安，×××。从前，她一直是机械式念的。这一回，她第一次讲了钥匙和笼子的配色，第一次讲了一直扛着香蕉的小老鼠，第一次讲了越飞越远的气球，第一次讲了不同小动物笼子里的不同装饰等。她两岁的宝宝听完了整个故事，不仅听得非常认真，而且听了 30 分钟。换作以前，常常是她刚读了两分钟，宝宝就不听了。她说，30 分钟阅读后，宝宝听完故事，还抱了她一下。

她当时愣在了那里，然后躲进厕所哭了一场。为什么？她觉得自己错过了孩子两年的阅读时光，特别自责。随后，她给我写了一封很长的信，表达了对我的感激，并表示这件事情极大地改变了她的观念。

其实，每个家长都是孩子最好的老师，我们见过很多本身不爱读书且学识不甚丰富的家长，他们中很多人能把绘本读得很精彩。你要去带着孩子体验这种纯粹的快乐，而不是用文字去给他建立所谓的说教阅读。这种"读绘本的能力"，其实学起来、练习起来都非常容易，只要你有心且有时间。

最后，好的阅读一定要重视孩子的感受。

很多家长存在疑问：孩子认认真真地把整个故事听完了，就是好的阅读？对于学龄前的儿童来说，我们不以孩子完整听完作为参考标准，不是说孩子一定要听完整个故事才算"厉害"。有的绘本如《噗噗噗》，全文没几个字，如果以正常的说话速度阅读，一分钟就能够"读完"，能听完的孩子算厉害吗？但如果换一种方式，今天我们只讲一个封面，但讲得很有趣，孩子笑了，孩子觉得很有意思，一直鼓掌，这就是成功的阅读。阅读效果的好坏，要以孩子的参与度和感受为评判标准。

绘本分级阅读，才能"开卷有益"

很多家长希望阅读绘本也能实现"跨级读书"，就像小学阶段学完初中的知识。还有家长说，我的孩子都三岁半了，还没开始读，怎么办？其实，绘本阅读是分等级的，每个年龄层的孩子阅读绘本的内容也是不同的。

开启分级阅读模式

我们每个人来到这个世界，最初发展的都是感知系统，感知怀抱，感知温暖，感知了以后才有爱人的能力。绘本阅读也是一样。刚出生的孩子要从感知书开始培养，这时候，认知黑白卡、彩色卡，就属于最初的"阅读"。

四月龄之后，孩子开始会抓握了，这个阶段我们推荐给孩子读布书。布书是作为绘本这个客体存在的、孩子最早接受的正式的书。让他在抓握、翻动的过程中，逐渐感知到书是什么。

六月龄以后，孩子更多地开始进行跟读。所谓跟读，就是爸爸、妈妈指到哪儿，他就看到哪儿。这个阶段，孩子更多的是对图的理解，在耳朵和眼睛的配合下跟随父母的思路。

到了一岁半以后，会进入下一个阶段，叫真正的共读。所谓共读，就是你开始跟宝宝有更多的共同参与的乐趣了。你们开始有更多的一来一往，宝宝爱伴随着父母行动，父母拍一拍，宝宝也会拍一拍。父母给小熊加油，他也会给小熊加油。

三岁之后，孩子就要开始进一步深度阅读了。因为三岁之后，孩子的语言表达能力和识图能力需要上一个新台阶，这样，六岁之后他们才能实现自主阅读。

以上几个阶段是循序渐进的。所谓的好好读书，都是一步步地落实的，不要妄想跳过第一步和第二步，直接就能将第三步走好。如果你的孩子都没有亲子共读过，没有深度阅读过，他就没有自主阅读的能力，甚至会在心理上排斥阅读。

🎗 旧书新读，给孩子阅读新体验

绘本能培养孩子什么方面的能力呢？笼统来说，对于学龄前的孩子，思维能力的培养是重要的阶段，而绘本的阅读可以有效地提升孩子的思维力。绘本是一个非常容易让孩子变得更好的工具，只是孩子变得更好的过程，并不会让家长很明显地感觉到。

根据提升孩子思维力的作用，我们大致把绘本阅读分为一岁半之前、一岁半到三岁、三岁到六岁这三个阶段。孩子一岁半之前，通常可以选择帮助孩子感知比较简单的动作，也包括色彩、形状和部分事物的绘本。比如，一个绘本中有各种小动物，还有小动物被吓到跳起来的动作。这就是非常典型的让孩子感知动物形态的绘本。

一岁半到三岁这个阶段，孩子就开始过渡到"我"了。这时候孩子会喜欢读《我家是动物园》《我爸爸》《我妈妈》这类绘本，因为它们更好地围绕着"我"的生活，是"我"能经历的。

三岁到六岁，就是孩子插上想象力的翅膀、奇思妙想大迸发的阶段了。你会发现孩子更喜欢一些奇奇怪怪的绘本，如《乌鸦面包店》《云朵面包》《石头汤》……乌鸦怎么开的面包店？云朵是怎么做成面包的？石头是怎么熬成汤的？……这些都是提升孩子想象力的绘本。**而孩子一定是先有认知，了解了自己的生活，再插上想象力的翅膀的，从认知到想象，也是一步一步、不可跨越的过程。**很多家长有这样的疑惑：绘本是否必须分级？是否三岁的孩子就不能读一岁半的绘本了？这里要记住，我们不提倡孩子超龄阅读，但是曾经的绘本拿来再次阅读，是没有任何问题的。好的绘本，它的生命力是长久的。比如，《点点点》是一本最适合三岁以内孩子的绘本，尤其是一岁半以内。但是，五岁的孩子一样可以读得很快乐。只要孩子加入新的阅读方法，"旧绘本"就会变成"新绘本"。

如何从旧书中发现新意呢？我们还以《点点点》为例，很多家长会很疑惑：《点点点》教给了孩子什么道理？如果仔细读过这本书，你会明白，它不需要教什么道理，它就是让孩子觉得好玩。绘本能做到这一点，就已经很好了。当然，在孩子五岁的时候再读《点点点》，肯定不像一岁半时那样，仅仅是点一点、唱唱歌。现在，你拿出家里的《点点点》，再翻看时，可以把每个点点看作一个人。如果从这个角度重新读的话，你会发现，每个点点都长得不一样呢——多么厉害的发现！

因为每一个点点都不是电脑绘制出的，每一个都是艺术品。之所以说作者杜莱是个艺术家，是因为他笔下的每一个点都长得独一无二。再次读这本《点点点》时，想一想我们可以跟这些点点做些什么。我们可以用点点和孩子做一些激励游戏，如寻找的游戏。让孩子以新的能力去做这种点点的游戏，这又是一种全新的阅读和体验。

🎗 让孩子远离三类绘本

当然，书也分好坏。一些要读的绘本，必须认真读。那些不该看的绘本，也绝对不能看。一般来说，孩子需要远离的绘本，有以下三类：

第一类，抓帧绘本。

简单来说，把动画片一张一张地截图，集成的绘本就是抓帧绘本。很多漫画连载都是这么做的，像《米老鼠》《猫和老鼠》《小猪佩奇》等。但这类书不是绘本，即使被称为"抓帧绘本"。绘本里的图，一定得是画出来的，而不是截图截出来的。其实，凡是抓帧绘本一定不具备一个特征，就是丰富的细节。它不会有《晚安，大猩猩》里面那个越飞越高的气球，不会有这么精心的设计，而这些细节正是孩子阅读时最需要的东西。抓帧绘本里的图缺乏美感和细节，不适合低龄的孩子。也许 7 ~ 9 岁的孩子看它没问题，但六岁以内的孩子很难喜欢上它。

第二类，模板绘本。

简单来讲，模板绘本就是复制、粘贴来的绘本。你会发现，这类绘本中上一页的树跟下一页的树长得一模一样，前页的草地又复制、粘贴到了后页。而真正厉害的绘本绝不会这样。比如，《小兔彼得》里图画的背景都是草地，但前一片草地和后一片草地，花被风吹倒的样子，每只小蝴蝶和小蜜蜂飞舞的样子，都是千变万化的，姿态各有不同。

第三类，超龄绘本。

有一些书是好书，但是仅限于孩子年龄层达到阅读要求以后而言的。比如，有本书讲的是空间的视觉差，上面标明适合

0 ~ 12 岁，实际上却不适合九岁前的孩子看。因为，孩子在形成稳定的视觉认知之前，过早地阅读这类绘本，会导致孩子空间的视错觉。

这三类图书各有千秋，都有一定的阅读要求。作为家长，要为孩子做好筛选，不让他们在这几类书上浪费时间和精力。

🎀 给家长们的三条建议

有不该读的书，自然就有需要认真读的书。在这方面，我同样可以提出几条建议。

第一，让孩子爱上阅读。

"让孩子爱上阅读"这件事情，我希望每一个家长都能将其刻在骨子里。因为绘本是孩子童年的精神食粮，是能给孩子提供力量的，是让孩子爱上阅读的重要基础。家长们一定要记住，首先，要放下功利心，去选择当下更适合孩子年龄的绘本。其次，当你们自己体会到阅读的快乐，掌握阅读的基础技巧时，就会发现让孩子爱上阅读是一件很轻松的事情。

第二，适合孩子年龄的，才是最好的。

适合孩子年龄段的绘本，才是真正有益于孩子身心的绘本。比如，一岁的孩子读不了六岁孩子的绘本，六岁孩子倒是可以读读一岁孩子的绘本。但当你看到某绘本上标着"适合0～6岁阅读"时，你就要谨慎了。这里给大家讲一个非常简单的挑选绘本的策略。

一岁半之前，孩子还属于阅读的初期。在选书时，情节越简单越好，重复性越高越好，如《点点点》，你会感觉每一页都在讲着一样的事情，就是点点的变化，这就是适合小孩子读的。《晚安，大猩猩》是不断重复的"晚安"，每一页都在晚安，只是小动物各不相同。这种重复性，也是孩子需要的。

一岁半到三岁，这个阶段仍然是文字要少，这时选择的绘本应含有更多孩子平常熟悉的元素。比如，《我家是动物园》里面有动物，有人物，非常适合一岁半的孩子。三岁的孩子开始主动认知每一个家庭成员，并且尝试将所见所闻和自己的生活建立联系。所以这一阶段选择绘本时，要注重和孩子生活的联系。

对于三岁到六岁的孩子，你要选一些自己用常识"看不懂"的绘本。我记得第一次和老公去给孩子选绘本时，有一本《我的情绪小怪兽》，我老公看了一遍，满头雾水：这讲的是谁？这是哪个怪兽？他为什么老换衣服？他怎么就一会儿生气，一会儿不开心了？这种绘本是需要展开想象力才能读懂的，而这就是孩子3～6岁时的绘本。如果我们用成年人的角度去思考《石头汤》，很难想象石头是怎么熬成汤的，但这就是三岁的孩子感兴趣的地方，也是他们放飞想象的开始。

第三，读绘本，质量大于数量。

"绘本的阅读、选择，需不需要精确到月龄？""孩子八个月该读什么绘本？""我家孩子十九个月该读什么绘本？""我家孩子二十个月了，该读多少绘本了？"……

针对这类问题，大家切记，千万不要去冲绘本的数量。有人说，他家孩子刚三岁，已经读了 3000 本绘本。我们可以算一下这个数字——从出生那天算起，孩子不过生存了 1000 来天。1000 天，读 3000 本绘本。粗略算来，他每天至少要读三本绘本，且不能"请病假"，也没有任何"节假日"，大年三十晚上都得读。

一天读三本，这是什么样的概念？如果这是真的（我宁愿相信是孩子父母说错数字了），那么这个孩子很难获得好的阅读体验，且很可能养成不好的阅读习惯。

我们的建议是，一个月为孩子读四本绘本就够了。这四本绘本要反复地精读，能够做到精读、深度阅读，一个月读四本就很棒了。

说到这里，很多家长一定经历过一个很有意思的情景：明明给孩子买了很好的新绘本，孩子偏偏喜欢翻以前那个"破绘本"，反复地看，反复地听。对此，家长要明白：孩子才是阅读主体，应该由他决定什么是更好的。并且，大部分小朋友都喜欢"重复的快乐"，这就是为什么我会在阅读中告诉大家要重复关键词，重复关键动作。你会发现，你一重复，孩子就听得特别认真。为什么需要重复？这是他在三岁前的一个巨大需求。三岁以后，他才会逐渐被所谓的新鲜快乐感吸引，在不断的替换中，获得好的阅读体验。

当然，在重复的过程中，家长也要掌握自己的一套方法。比如，我记得汐仔有一个喜欢的点，是某个绘本中的"噗噗"两个字。所以，一讲到这两个字，我就会放慢一点儿速度，让他有所期待。在他一岁多的时候，我讲十次"噗噗"，他会笑吐奶五次。吐奶不要紧，孩子笑了，比什么都重要。这也是一件非常有趣的小事，值得我记录下来。

另外，我会在每次阅读时都加一点儿新的元素进来，让孩子不断地获取一点儿小的快乐。

比如，再次读一些经典的绘本时，我加入了一个新的动作。为什么这样做呢？因为我们在讲说绘本时，绝对不只是在念文字。如果只是把字念出来，《晚安，大猩猩》《哇！》《噗噗噗》这类绘本，就会变得很无趣。苏珊娜的系列作品《四季时光》《会飞的帽子》，甚至根本就没法读，因为没有字。

所以，对于那些无字绘本，怎么才能声情并茂地朗诵呢？那就一定要加入动作，要玩儿起来，玩着读，读着玩。这也要求家长对绘本有新的理解。

家长们，孩子对阅读的需求，与他的年龄阶段有很大的关系。切不可为了让孩子增加阅读量，就揠苗助长。否则，你们很可能培养出一个讨厌阅读的孩子。

孩子笑了就对了

为孩子读最适合他的绘本

不知道为什么，很多人总觉得，绘本和早教是需要拼钱的。花的钱越多，孩子得到的教育就越好。

其实，在教育上并没有什么拼钱的事。尤其是在早期教育阶段，更不需要拼钱。六岁以前的教育，讲究的都是水到渠成。我给你读了，你感受到了，你就爱上了。而且，只要父母读对了，孩子一定会爱上。

很多家长会说，我是带着乐趣感读的，但孩子就是不喜欢，怎么办？绘本是为孩子专门创作的，他们喜欢的，才是适合的。家长不妨检视一下自己，你是在绘本这条路上慢悠悠地欣赏着风景，带有松弛感地去走，还是牵着孩子的手，在功利性地赶路？

家长的心态，是孩子能否爱上绘本、是否会笑的关键所在。

🎗 绘本是长在生活里的阅读

　　我特别喜欢拿谈恋爱来形容阅读，两者真的有异曲同工之妙。你跟恋爱对象的见面时间，可能只占全部时间的 1/10，另外 9/10 的时间，你在干吗呢？在回忆，在想象。这就像你虽然没有读书，但是阅读的幸福感会一直在你身边。它们带给你的感受，几乎是一模一样的。有一本绘本叫《月亮的味道》，讲的是一群小动物，想吃月亮。可是，不管怎么伸长脖子，伸长手，伸长腿，也够不着月亮。有一天，海龟叫来了大象，大象叫来了长颈鹿，长颈鹿叫来了斑马，斑马叫来了狮子，狮子叫来了狐狸，狐狸叫来了猴子，猴子叫来了老鼠。月亮看到老鼠那么小，心想：这么个小不点儿，肯定捉不到我的。于是，月亮没有继续升高。想不到，"咔嚓"一口，老鼠就咬下了一片月亮。它把月亮分给动物们吃，大家都觉得，月亮和它们喜欢吃的东西是一样的味道。

　　读完以后，我跟两个儿子在月光下进行了一番讨论：如果是你，想不想吃月亮？酷仔回答的是，我不吃月亮，好多人还要看月亮呢。汐仔回答的是，我要吃月亮，我要蘸着白糖吃。他俩的回答虽然截然不同，但没有错误的答案。他们俩对同一本书的不同感受，就相当于他们认识了同一个人，却产生了不一样的情感碰撞和情感火花。这件事情极其美妙，对不对？

　　然后，我跟他们继续聊，你们觉得小动物们吃了月亮以后，明天还想不想吃呢？还有没有更方便的方法能让他们吃到月亮？月亮怎么吃更好吃？他们俩叽叽喳喳的，又是一番表达。我们在月光之下的这番谈话，大部分是没有任何意义的废话。但绘本阅读的终极意义，就是让这个绘本成为生活中的话题。它一定能给你一个灵感，让你在生活中加以讨论，这才是我们所说的长在生活里的阅读。

所以说，阅读真的不是一定要和书在一起，起码绘本是这样。

🎗 三个标准，给孩子选到好书

绘本市场上，绘本的内容质量参差不齐，很多家长受困于时间、经验、审美等，并不知道如何给孩子选到一本适合的好书。

在多年的绘本阅读中，我总结出三个简单的标准，可以帮助家长解决选书的困扰。

第一，不要上手就买成套系的绘本。

孩子喜欢什么书，家长也很难说清楚。所以，先买一本试看、试读，是比较明智的选择。尤其对一岁半以内的宝宝来说，一定不要轻易购买成套系的绘本。

像《小熊很忙》这种机关绘本，家长读完一本就会发现，有的小朋友会觉得没意思。还有一些绘本，比如说马德林、卡梅拉，相对来说情节都是比较复杂的，也不太适合低龄宝宝。

所以，我一直建议大家，先买一两本试试看，孩子喜欢的话，再进行连续性的阅读。

第二，从孩子的兴趣中确定绘本类型。

什么样的绘本类型是适合孩子的？有一个很有意思的方法，就是带孩子去书店。让孩子去看，通过自己的眼睛，去选择他们对什么类型的图比较有兴趣。

比如酷仔，他喜欢中国风，喜欢水墨画。所以他看到《石头汤》《花婆婆》之类的绘本时，几乎走不动道。汐仔呢，更喜欢色彩强烈的、带有几何图形的，所以他喜欢《噗噗噗》这样的绘本。

通过孩子的眼睛来选择绘本，你会发现，这是一个很可靠的判断方法。

第三，关注国际大奖获奖作品。

很多家长觉得，得奖的也不一定就是好的。这没错，但是，能得奖的一定不会太差。关键看家长怎么给孩子读。

我非常推荐大家关注一些国际大奖的获奖作品，比如安徒生大奖、凯迪克大奖等，这些获大奖的书对人们有一定的指导作用。

比如《噗噗噗》这个绘本，拿到了凯迪克大奖，这是业内专业人士、无数的作者、无数的读者，共同推选的结果。但是依然会有人觉得不好。为什么？因为很多家长总是依自己的经验和喜好，来评判一本绘本好不好。

我认可，并不是每一个绘本你的孩子都会喜欢。但是，对于获奖作品，家长是不是可以带着孩子先试读？是不是可以反思一下，孩子不喜欢，是不是因为自己没读好？

我当然不是让大家照单全收，而是建议大家有侧重地进行筛选。

🎗️印象深刻的几本精美绘本

在我多年的早教生涯中，我记不清读过多少绘本了。但是印象深刻的，我一直如数家珍。

《妈妈，买绿豆》是一本中国台湾的绘本，我打开的一瞬间，就仿佛看到了我的童年，看到了小时候才有的供销社的感觉。我甚至在阿宝和妈妈坐在台阶上喝绿豆汤的画面中，看到了我和自己的孩子，因为我们也很喜欢坐在台阶上吃东西。

我给汐仔读的时候，他就指着阿宝说这是汐仔，指着里面的妈妈说，这是妈妈。其实她和我长得一点都不像。

但是，这本书和我们的生活产生了共鸣，看到就觉得很欢喜。

《小种子长大了》是我非常喜欢的一本科普类的绘本，通过阅读，能看到小种子发芽、开花、结果的全过程。

我带着孩子读这个绘本的时候，真的是拿着它走到生活中去的。我们不是简单地阅读，而是参照着上面的画面去寻找正处于那个时期的植物。这是一件多有意思的事啊。

《猜猜我有多爱你》是我最爱的一个绘本。关于它，我这样跟家长说，如果有一类绘本，它讲的东西一文不值，却又价值连城，那就是爱。讲爱的绘本，会让你和孩子更厉害，会让你们变得无比强大。

孩子对爱是有感知的，爱教不会你的孩子任何东西，但会让他更爱自己。一个人只有更爱自己，心里有很多很多的爱，他才有能力在成长以后去爱别人。

经常有家长问，怎么让孩子孝顺？我都想反问，为什么非得要求孩子孝顺？你给他的心里装满爱，你告诉他妈妈好爱你。他的爱多了，甚至都不用长大，就会返回来给你，这就是我们所谓的孝顺。

亲子共读，陪伴成长

曾经有家长问我："如果我把一个绘本直接丢给孩子，他就能在阅读中获得快乐吗？"我明确告诉他不可能。

很多人有个误区：买绘本是为了让孩子自己读，只要买到好的绘本，孩子自然就能爱上阅读了。然而事实并非如此。亲子共读的意义在于陪伴成长。即使你给孩子看的是一幅挂历，只要是你跟他一起看，他也会很爱看。因为孩子需要的不是那本书，他需要的是你，是你的陪伴。

🎀 陪着孩子，做他能做的事，读他能读的书

我们用早教绘本《卜卜》做过一个小实验，给20个一岁半的小朋友看《卜卜》，同时记录他们的翻阅时间。翻阅时间最

长的大概是 30 秒，最短的只有 2 秒。但是，当家长用正确的方法陪孩子去读这个绘本的时候，他们的平均阅读时间变成了 9 分钟。

一岁半的孩子能花 9 分钟看书是个什么概念？这已经是深度阅读了，一定对阅读的快乐有深度体验。可见家长的陪伴对于孩子的阅读能力的成长，有着不可替代的作用。

绘本不光是写给孩子看的，更是家长向孩子介绍这个世界的工具。比如《妈妈，买绿豆》，我是"80 后"，当时给汐仔讲这本绘本的时候，我就讲："妈妈小的时候，商店里面的盐是放在一个大坑里卖的。就是那种用土和砖铸成的大坑。买盐的时候要用铁锹把盐从大坑里铲出来。"汐仔听得可开心了。

所以，绘本能告诉孩子，他所处的这个世界是什么样子的。我们可以通过绘本这个载体，跟孩子聊很多过去的事，甚至是未来的事，让孩子透过绘本内容去认识世界。

在这里，我要给所有家长一个小小的忠告——切记不要一上来就想带着孩子去完成难度大的任务。阅读也好，游戏也好，聊天也好，都是这样。我们一定要带孩子做他这个年龄段能够做的事情，让他获得对生活的驾驭感。

比如，为什么孩子喜欢《点点点》？我曾经观察过，孩子们把点点点呜呜一吹，吹上了一个颜色。所有小朋友都觉得好厉害，说："是我把这个点点吹变色的。不是你，不是他，是我。"这就是孩子的驾驭感，这种驾驭感是低级中的高级。这里的低级是指年龄段的低级，高级是指能力上的高级。

所以我们不要一开始就急于让孩子了解整个世界。你可以先让孩子拥有对绘本的驾驭感，然后他能在绘本中获得更多的参与感。比如，绘本《牙齿大街的新鲜事》让我们带着孩子进入一个微观世界，去观看牙齿上的牙菌斑、小细菌等。整个过程就像是一场探险。

如果你的孩子连牙齿都不认识，连什么是刷牙都不知道，他怎么读得懂绘本呢？孩子的阅读能力一定是建立在他的生活经验和认知的基础上的。亲子共读的意义，就是用自己的经验拓展孩子的认知。这个过程一定是循序渐进的。

🎗亲子共读，最重要的是愉悦体验

陪孩子阅读最重要的事，不是你给孩子买了什么样的书架，准备了什么样的阅读角，而是你的语言和你提供的阅读环境氛围，能否匹配亲子共读的需要，这些东西是亲子共读中最有用的工具。

关于匹配的语言，你要先学会使用孩子喜欢听的声音。

我们很多家长很怕听到一句话——"声情并茂地朗读绘本"。一般人的普通话往往不如新闻播音员的标准，声音也不如深夜电台广播员的好听，所以对"声情并茂地朗读"感到压力很大，干脆就放弃了。

其实对孩子来说，与其做到声情并茂，不如把音调调高一些，把声音拖长一些，让自己的语言充满短而快的节奏感。因为六岁以下的孩子就喜欢听幼稚一些、搞笑一些、夸张一些的声音，用这样的声音跟他们说话，他们会跟你更加亲近。

我经常问家长："你愿意做出这样的改变，发出孩子喜欢听的声音吗？"如果你愿意尝试改变，你就会发现亲子共读这件事没那么难了。

阅读环境也是非常重要的。很多家长会问我一个很奇怪的问题——应该抱着孩子读，还是跟孩子面对面读，或者是并排读、并肩读？其实这些都不重要。重要的是你和孩子是不是有着同样的愉悦体验。

我和我的两个儿子很难找到同样喜欢的书，因为三个人的年龄跨度太大了。但我们共同阅读了一本叫《四季时光》的绘本，因为《四季时光》覆盖的年龄范围挺大的，而且我们是在森林里共读这本书的，孩子们在这个环境中感受到了书中讲的四季变化。所以说，亲子共读一定要考虑方方面面。阅读不需要一个单独的房间，也不需要单独的书架。良好的阅读环境跟你在不在书房、坐姿怎么样、有没有仪式感都没关系，一天中的任何时间都适合阅读，任何地方都可以进行亲子阅读，关键在于你跟孩子能愉快地共同做这件事。

🎖 陪孩子阅读的三个层次

　　阅读其实可以分为三个层次：学会读、乐趣玩、深度聊。

　　"学会读"只是第一个层次。可是许多的家长就只停留在"学会读"的层次上，而不太重视"乐趣玩"和"深度聊"。因为在他们看来，书就是用来读的。这话也没错，但这部分只满足了 30% 的阅读需求。而剩下 70% 的阅读需求，是通过玩游戏和聊天来获得的。我们要转变过去的固有观念，在亲子共读中实现"乐趣玩"和"深度聊"。这样才能让孩子获得更全面的成长。

　　所谓"乐趣玩"，就是让你的孩子在阅读中尝到快乐。有些绘本其实是可以边读边玩的。比如我们之前提到《点点点》，那些点点可以做游戏。还有《跑跑镇》，也体现了思维的碰撞，黑熊加白熊撞在一起撞出了一只大熊猫，小女孩和海豚在一起撞出了一个美人鱼。

　　我们可以带着孩子看看生活中还有什么能碰撞成一个新东西。比如，我们现在想一想，山楂和竹签碰在一起会变成糖葫芦，粽叶和米碰在一起会变成粽子，肉馅和面粉碰在一起会变成包子。就像这样，从书中的游戏出发，带着孩子在乐趣玩中不断拓展自己的想象力。

　　至于"深度聊"，就是带孩子进一步挖掘绘本内容背后的深度话题。当然，我们要注意一点：不是任何一本书都需要完成这三个阅读层次的。而且我们要注意根据孩子的年龄段及特点来聊相匹配的内容。

以绘本《小熊很忙》为例，多数孩子可能是在一岁左右或者一岁以下读《小熊很忙》的。当孩子"学会读"以后，我们可以带着他"乐趣玩"，比如就用点读笔点读《小熊很忙》里面的童谣，跟孩子一起唱。

接下来，我们可以带孩子深度聊聊《小熊很忙》里的细节。很多家长会觉得聊天就一定要互动，其实不是。你跟孩子说话是聊天，让孩子听一听你说话也是聊天。你可以问孩子："小熊为什么之前没穿马甲，后来才穿马甲呀？他的马甲在哪儿？"

家长可以举一反三，用游戏思维跟孩子聊天，就聊一些简单有趣的问题，千万不要跟孩子说教什么大道理。这样才能不断延伸话题，跟孩子越聊越开心。

说到底，就是家长要跟孩子一起走进绘本所描述的情境当中，而不是抱着说教孩子的心态去阅读。当你进入了书中描绘的情景里，孩子也会随你沉浸在其中，亲子共读陪伴成长的目的就达到了。

阅读是孩子最好的礼物

有些家长说，我家孩子做什么都很擅长，可就是不爱读书，应该怎么办呢？不客气地说，那一定是你的问题。

我其实特别怕家长给孩子扣一个帽子，说我家孩子不爱读书，因为根本没有天生不爱读书的孩子。

🎗 没有不爱阅读的孩子

孩子不可能先天讨厌母乳，如果他讨厌了，一定是你没有好好地喂，或是你喂的方式错了。读书也是一样，一定是你没有好好地、用心地、正确地给他读。

有些家长的观念是这样的，我给孩子读了一遍，他不喜欢听，说明这本书不好，或者是孩子不爱读书。很少有家长反思，是不是我读得不对，或者是我读得不好？

说到这儿，我非常感谢我的父亲。他是个语文老师，总是很认真地带我读书。小时候，我看不懂《红楼梦》，我觉得这些人一天到晚没啥事儿就在那儿哭，我爸就给我讲《红楼梦》里的人物，讲他们的喜，讲他们的爱，讲他们之间的小过节，讲他们之间的爱恨情仇。虽然我没能真的理解，但我从中感受到了父爱，感受到了理解，这就足以让我会心一笑了。

从这个角度说，孩子读书，一定是需要有人"拉着"的。家长必须转变思维，不是孩子不爱读，是你读错了，你只要好好读，没有孩子不爱阅读。

🎀 两个方法，让孩子爱上阅读

很多看起来不爱阅读的孩子，其实是没体会到阅读的"甜"，想要改变，可以从即刻让他体会到"甜"开始。

甜所带来的享受，是显而易见的。孩子只要尝过一次，就会深深地爱上它。阅读也是一样，让孩子感受到书的"甜"，他就会继续读下去。绘本有趣，简单直接，家长只要做对一次，带着孩子笑上一次，他就知道怎么做了，就知道阅读的快乐了。这就是让孩子爱上阅读的第一个方法。

另一个改变的方法，是充分利用空白页。

很多绘本前面都有一张空白页，基本没人知道它有什么用途。它其实可以用来做记录。

比如可以记录，2023 年的 6 月 1 日，第二次读《爷爷一定有办法》。或者是，2021 年 7 月 1 日，酷仔读到第 10 页，认识了两种动物。

这样的记录，在我们读过的绘本上，最多的有 30 多次。每次阅读前，当你打开绘本，你会很有成就感。而且，你能从中看到孩子的变化是非常惊人的。他的阅读量在增加，记忆力在提升，专注度在加强……

🎗 综合能力提升，是阅读给孩子印记

就像我们之前说过的，阅读提升的不是某个单项能力，而是全方位的能力。

家长们经常问我说："阳子老师，怎么才能让孩子讲出一个故事？"我说："孩子无法理解和记住一个故事，又怎么能讲得出来呢？"

然而，很多家长只追求结果，却不重视理解的过程。他们常做的一件事是，我讲一句，你重复一句。这种机械式的记忆，孩子感受不到乐趣，对他的成长没有任何意义。

孩子得先知道这个故事讲了什么，得先理解，并把情节记下来，才能讲出来。这是水到渠成式的阅读，你给孩子讲着讲着，他参与进来，玩着玩着就会讲了。有一天，你讲了一段，他突

然开始接着讲后半段了，你就知道他离讲整个故事非常近了。

除了提升理解力、记忆力、表达力，绘本阅读还能提升孩子的专注力。也许你会发现，孩子阅读的时间比他玩玩具的时间都长，这就是他专注于阅读的表现。认知就不用多说了，绘本上的每一个小动物、每一个水果、每一样蔬菜、每一种交通工具，都适合孩子去认识、去记忆。孩子能在各类层出不穷的问题中，把一页一页图串联成一个故事，这本身就是一种强度很大的思维锻炼。

🎗 有效社交的方法是从书上看来的

很多家长觉得，想要有社交，就得跟人相处，就得有个伴。这其实是家长的一个误区。并不是说，有人才有社交，不是这样的。三岁前的有效社交，通常都是没有社交对象的，都是看别人怎么社交。

《石头汤》就是一个典型的社交绘本，一个村子里的邻居，谁也不理谁。我们怎么利用一个共同的项目——做汤，来与别人建立社交关系？邻居们不断地拿来各种各样的食材，互相协作，这就是社交体验。

通过绘本，你的孩子就能学习如何与别人社交。这既可以减少孩子对陌生人的恐惧，也让孩子有足够的想象空间去施展自己的能力。

🎖 亲情故事让亲子关系更融洽

很多绘本中都有亲情故事。会有拥抱，会有亲亲，会有分享，会有手拉手转圈圈。

这些细节都会引导孩子，让他与你更亲近。如果非说阅读绘本有功利性，那么让亲子关系更融洽，就是最大的目的吧！

在绘本里，小兔子永远是跟妈妈出门儿的，小猩猩一直等着妈妈来抱抱它，所有的小动物都会跟妈妈说，我很爱你。

每个动物都爱自己的妈妈，每个小朋友都跟自己的妈妈在一起，这就是绘本对女性特别友好的地方。所以说，绘本阅读一定是让孩子跟父母，尤其是跟妈妈更亲密的绝佳工具。

🎖 阅读绘本对孩子一生的影响

我对绘本阅读的推崇，在很多人眼里有些近乎疯狂。这不是我的偏执，而是我从中看到结果之后的坚持。

拿我的大儿子酷仔来说，我只陪他读到四岁半，五岁开始，他基本就能利用绘本进行自主阅读了。现在，他很喜欢读"三国"，对"三国"有一些"研究"。

我身边的很多人大、北师大的老师，都说酷仔对"三国"的"研究"，已经算是一个业余学者了。

有一天，我们几家人一起出游。其他的男孩都在玩《王者荣耀》，玩"吃鸡"这种游戏。就他一个人在边上津津有味地看着"三国"。我问他，酷仔，你身边的人都在打《王者荣耀》，你会不会觉得孤单？

没想到他说，我们班男生聊什么话题是我决定的。听他这么说，我意识到我对他的教育是成功的。他是"孩子王"，能贡献主意，能提供聊天素材。

这次的对话让我知道了，喜欢阅读的孩子在与周围的人，格格不入时，会有怎么样坚定的自我。

酷仔让我更深入地思考，书到底给孩子带来了什么？书带来了豁达的灵魂，让孩子知道自己是强大的。

就我自己而言，书是我从小到大的玩伴。小时候，我在书中仰望别人；长大后，别人在书中仰望我。

我最喜欢的两套文学作品：一套是秦文君的系列作品，《男生贾里全传》《女生贾梅全传》等；另一套是《哈利·波特》。

秦文君的作品，几乎伴随了我整个童年和青春期。

我研究生毕业之后，开始给孩子们翻译绘本，我打电话联系的第一个作家就是秦文君，当时我的手都是抖的。她本来是我童年一直仰望的人，现在竟跟我成了工作上的伙伴，真有一种梦想照进现实的感觉。

至于《哈利·波特》，从童年到现在，每当我非常焦虑、非常累的时候，我都会读一读。它除了给我带来满足感和乐趣感，也让我对书有了更多的思考。

《哈利·波特》本来是一套儿童文学作品，后来却吸引了很多成年读者。我会想，在未来的某一天，绘本会不会成为成人爱读的东西。到那时，就不再是家长陪着孩子读，而是真正的亲子共读了。

我期待着，绘本会有新的表现形式出现，会有更多成人喜欢的题材。阅读不仅是孩子最好的礼物，也是成人最好的礼物。

阅读不是简单的读书，而是你跟孩子在他童年时期的一场旅行，在这个过程中，你们一定要手牵手，放慢脚步，体验快乐，哪怕这个快乐是俗气的，是无聊的，它都是最纯朴的快乐。只有这样，当孩子到达正式学习那扇大门的时候，他才能昂首挺胸、充满信心地走进去。

游戏

1. 找气球

在读过《晚安，大猩猩》这本书后，可以尝试带宝宝来做一个找气球的游戏，家长有没有注意到书中出现的气球呢？这本书从第一页开始就出现了气球，可以让宝宝来找到这个气球，并找一找这个气球之后都出现在了哪里。气球越来越小，宝宝就需要更仔细认真地寻找。仔细观察书中出现的细小事物，可以锻炼宝宝的观察能力，这也是一件非常有意思的事情。

2. 找点点

这个游戏需要把《点点点》绘本的扉页，也就是只有点点的两面复印下来，然后将复印下来的点点，一个一个裁剪下来。扉页中的每一个点点都是独一无二的，我们可以带宝宝将裁剪下来的点点一一对应在绘本的扉页上，这个过程可以极大地锻炼宝宝的观察能力。不要小瞧这个游戏哦，点点的数量越多，难度也就越大。宝宝一开始进行这个游戏的时候可以划分小的区域，从几个点点开始，等宝宝的能力提升之后再将区域逐渐扩大。

3. 刷牙游戏

这个游戏很简单，但是很有效，一个小游戏就能让孩子感受到刷牙的快乐。

首先，家长在纸上画一张大大的嘴巴，嘴巴里面画满牙齿，将画好的画放入密封袋内，然后把湿纸巾套在牙刷头上并用小

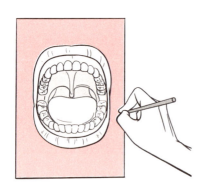
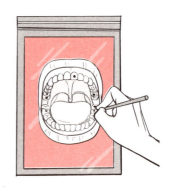

皮筋固定。接下来，牙齿上用黑色的画笔点上一些圆点，给宝宝牙刷让宝宝将黑点刷掉。同时我们还可以配合儿歌带宝宝刷牙。

第六章

快乐游戏，快乐成长

陪孩子一起玩，修炼他的七项能力

　　我经常跟家长们说，当代优秀的孩子都有一个品质，他一定得会玩。很多人也许觉得难以理解，但这个说法，是我从实践中得来的。

　　我想，问题的关键在于，一提到玩，很多家长的第一反应就是玩游戏。实际上，会玩更加准确的定义是找到更适合自己的、愉悦自己的方式。游戏一定是个基础的方式，但它不代表全部。

　　比如，一个孩子的社交能力很强，总能迅速地融入群体。他想在群体里找到自己的位置，就得会玩。不跟别人玩，怎么能拉近彼此的关系呢？

　　又如，孩子独处时也得会玩。有的家长会说："我家孩子不会玩，就喜欢读书。"其实，读书也是一种玩。孩子把读书当作游戏，才能体会其中的乐趣。当孩子笑着读书的时候，阅读的效率才是最高的。否则的话，很多小朋友可能从六七岁的时候就开始说，读书好无聊。一旦有了这种心态，孩子一定是读不好书的。

我记得，酷仔和汐仔经常说的一句话是："一天怎么这么短，怎么又要睡觉了？我还没玩够呢！"会玩和不会玩的最大区别在于，会玩的人会更热爱生活。

三玩，三不玩

我的两个儿子都很爱玩，也很会玩。但是，我们也有自己的规矩，那就是三玩，三不玩。

什么是三不玩？

第一，绝不玩手机游戏。电视、电脑游戏我会玩，但绝不玩手机游戏。因为我深知小屏幕对孩子专注力的破坏，这个错误我不会犯。第二，绝不玩粗俗的游戏。我非常喜欢游戏带来的乐趣，但有些非常粗俗的游戏，给孩子带来的坏处很大，那就不要玩。比如，网络上很流行的电摇，有些孩子很喜欢。我非常明确地和酷仔说，这种游戏你绝对不能玩。第三，绝不玩危险的游戏。我见到过很多家长，会把危险与不让孩子勇于尝试混为一谈。我跟孩子的定义是，某些东西，只有老师带你做实验可以玩，其他时候都不能玩，比如煤气。或者是体验一些过度危险的项目，比如那种没有安全措施的攀高游戏，我们都不玩。

说了三不玩，再讲讲什么是三玩。

第一，玩运动类游戏。汐仔一岁到两岁的时候，特别爱玩一个游戏，在手、脚、屁股上，涂一点面粉，在地上印出手印、脚印、屁股印。

玩这个游戏，孩子要同时把手和脚支撑在地上，或者屁股坐在地上，还得使劲挪动，玩 5 ~ 10 分钟，孩子的体能就会有很大的消耗，它非常锻炼身体的平衡控制能力。玩这个游戏，最好在给孩子洗澡前，玩完之后顺便拖个地、洗个澡，非常解压。直到现在，汐仔都非常喜欢运动类的游戏。

第二，玩不动的游戏。不动的游戏是指，需要用到专注力和观察力的静态游戏。比如，有一段时间，我们特别喜欢玩一个叫作夹鸡蛋的游戏。把鸡蛋夹在身上，看谁夹得多。歪脖子夹一个，胳肢窝夹一个，很滑稽，很有趣。现在，汐仔最喜欢这个游戏。他刚开始能夹一两个鸡蛋，现在能夹六七个。玩不动的游戏是在提升他对身体的控制能力。

第三，玩会笑的游戏。有一段时间，我们会玩一个游戏，往对方脸上吹气。它的源起，是有一次我们读了一个关于风的绘本，之后说："我们来创造风吧！"于是我们开始观察家里哪些东西能创造出风。结果发现，摆动窗帘能扇出风，双手快速摆动也能扇出风，用嘴吹气也会有风。最后演变成我们往对方脸上吹风，看谁先受不了。这个游戏看起来很无聊，没什么技术含量，但它很好玩，能让孩子笑，这就够了。

这三类游戏是我们非常爱玩的，它们对孩子的身体和心理成长，都起到至关重要的作用。

🎗 愿意游戏的心态比会玩更重要

陪孩子玩游戏，目的不是培养爱玩的孩子，也不是带孩子做什么游戏，而是让家长有游戏的心态。

有的家长说："我真的不是个好玩的人，不知道怎么带孩子玩。"我们的经历都差不多，都是被不会玩的父母养大的。但是，这不影响你成为会玩的父母。

你要静下心来思考一下，你愿不愿意带着你的孩子玩些看似无聊的游戏，也许你试一次，就会发现这些游戏让你上瘾。我们经常讲，带孩子读绘本和做游戏是非常容易开始且容易坚持的，它和减肥不一样。

也许你会很坚定地开始减肥，但坚持两天就放弃了。因为你发现，不想运动躺在床上的时候，既看不到健身房，健身教练也不会出现在你面前。你甚至看不到自己胖胖的样子。一边吃辣条一边刷手机，简直无比爽快，对不对？

带孩子却不是这样，无论你想不想带，他都在你旁边，而且会一直来找你。既然如此，那不妨试着跟孩子玩一些游戏，带着孩子一起笑起来。

我经常说，做游戏的第一步，是妈妈把袜子脱掉，爸爸把腰带解掉。你们保持一个放松的状态，跟孩子玩。你们玩个傻乎乎的游戏，孩子笑得很开心，一下就激发了孩子对游戏的热情，有了热情，游戏心态很快就匹配上了。

🎗 七项能力伴随游戏能力平行增长

在玩游戏的过程中，孩子的七项能力，是随着游戏能力不断平行增长的。

很多家长会问我："阳子老师，我家孩子语言不好，玩哪类游戏？"这其实是一种错误的认知，你家孩子语言不好，一定是各种游戏都要玩，而不是单靠某一种游戏去提升。千万不要说我讲绘本就针对语言不好，不是这样的。

比如，孩子有专注力，才能听得好，学得好。孩子对事物认识、记住之后，才会说。孩子知道什么是大，什么是小，才会说大苹果、小苹果。在读绘本的过程中，孩子会有各种各样的体验，七项能力是综合培养的结果，并不是单一练习的。

所以，做游戏的时候，千万不要简单地认为，我的孩子哪项能力不好，我就培养哪一项。能力之间永远是环环相扣的，没有一个单独存在的能力。没有任何一个孩子只有专注力好，其他什么能力都不好。

会玩的孩子，能无限延展想象力

有的家长很希望能给孩子选到最正确的游戏，让孩子更快地成长起来，所以总有人问我，有没有一定不会出错的游戏？

任何游戏，只要你带着压迫感去做，一定都会出错。

很多家长应该知道，绘本中有一个经典的游戏，叫作"唱起来"，就是家长把绘本内容唱出来给孩子听。这个游戏按理说应该不会出错，哪有小朋友不喜欢绘本听起来朗朗上口，还有律动感呢？

但是，有的家长还是会做错。比如，有一个妈妈，她是这样做的：孩子听着听着，把头转到了旁边。她立刻把孩子的脸扭过来："看着我，我在唱呢。"孩子听妈妈唱，本来应该是放松的状态，但是妈妈的举动给孩子带来了压力，孩子就很难全情享受。

所以说，家长们，当你们带着压力，就像捏着孩子的喉咙做游戏，这样的话做任何游戏都可能会出错，无论多有趣的玩具在你们手里都会失去光彩。最重要的，是你们怎么看待游戏，怎么放松地带孩子。

千万不要觉得，孩子走神了或者走开了就是不喜欢，不是的。

六岁之前的学习，本身就是非正式性的。学习的姿态可以是躺在那儿，可以是爬来爬去，也可以是看着别的地方的。孩子的身体机能及各项能力都还不够完善，你们想让他正襟危坐地听你们讲绘本，这怎么可能呢？

让孩子玩什么，比给他买什么更重要

很多家长会问："阳子老师，为了提高孩子的专注力，我应该买什么书或玩具？"我说："你的想法是错的，你要考虑的，不是该买什么，而是该玩什么。"

很多家长都会在孩子的玩具上投入很多钱，我甚至见过一个家长每个月给孩子买玩具预算3000块钱。我想告诉家长的是，不要为了培养孩子的能力去匹配玩具，而要为了他的能力匹配游戏。

我们家的酷仔和沙仔，三岁前都没有玩过"声光电"玩具，我给他们买的玩具都非常便宜。比如说，他们小时候都很喜欢恐龙，我就给他们买了很多恐龙。很多恐龙放在一起，可以排成队，可以表演打架，可以创造一个恐龙乐园，有多种玩法。这种游戏，可以提升孩子的想象力，甚至是团队协作能力。

如果是电动玩具，玩法就相对固定，孩子能得到的体验相对会比较少。所以，在我儿子收到别人送的电动鸭子时，我的第一反应就是立刻把它收起来。

其实，我更鼓励家长们少买玩具。自己动手制作玩具，对孩子来说是更好的教育方式。在这个过程中，孩子提升了动手能力，对玩具也会更加珍惜和爱护。一岁之后，孩子一定要锻炼自己的手部能力。我经常推荐家长朋友们给宝宝做嵌合板，以此锻炼嵌合能力。

制作的过程很简单，一个快递箱就是大部分的原料。而且，你想做什么形状，就可以做成什么形状。你也许不会相信，比起木质玩具，大部分小朋友其实更喜欢快递箱，他们就是对这种"破烂"感兴趣，就是喜欢玩遥控器、拖鞋、绳子、垃圾桶，这是聪明小孩儿的一种典型表现。

那么，没有道具的话，是不是也可以做游戏呢？答案当然是肯定的。用我们的身体当道具，也可以有很好的游戏体验，让孩子哈哈大笑起来。

比如，我会经常跟汐仔玩大拇指摔跤这个游戏。两个人的大拇指扭来扭去，就像在摔跤一样。

这个游戏没有道具，成本很低，不仅锻炼了孩子手指的灵活性，还在游戏中增强了亲子关系。

🎀 把一个游戏变成一连串的游戏

有些家长，一提到跟孩子玩游戏，总会急得抓耳挠腮。总共只会那么几个游戏，玩不了几次，孩子就觉得厌烦了。怎么才能开发新的游戏？这是很多家长都会问我的问题。

实际上，我想说，每一个游戏背后，都可以产生一连串的游戏。至于能不能开发出来，更多的要看家长的游戏心态，要看家长愿不愿意做。

比如，我和汐仔一起看《跑跑镇》这本书，有一个画面是，一台卡车和一架梯子迎面跑着，"咣"地撞在一起，它们就变成了一台云梯消防车。

当时我们就想，生活中还会碰撞出什么东西呢？比如，鸡蛋和米饭碰在一起，是不是就变成蛋炒饭了？

想到这里，汐仔说："妈妈，咱们吃饭的时候也碰一碰吧！"于是，我们的晚饭，就是米饭和海苔撞出来的饭团。

还有，汐仔特别不爱吃菠菜，可是我们用菠菜和水撞成菠菜汁之后，他喝起来可开心了。我发现，当他觉得自己还在跑跑镇里的时候，做任何事情，都很有仪式感。

我跟孩子读绘本的过程中，其实是把书中的一个游戏变成了一串的游戏，乃至这些游戏都可以延伸到生活中——后来，我们去了超市，汐仔看到各种商品，仍在进行研究。

"妈妈，鱼和箭撞在一起，会不会变成箭鱼？"

"妈妈，馒头和豆沙撞在一起，是不是就变成了豆沙包？"

孩子笑了就对了

…………

多有意思啊！你给孩子一个游戏，他就能发挥自己的想象力，从中无限延伸，找到更多的乐趣。

家长们，好的游戏，对孩子开发大脑有益。从一个游戏到一串游戏，孩子的发散思维会得到很好的锻炼。

至于如何才能把一个游戏变成一连串的游戏，我有几个小建议可以给到家长们。

主题发散

主题发散是围绕绘本的主题进行发散性的思考。比如说，我们讲《小金鱼逃走了》，那么主题是什么？是小金鱼。它在哪儿？我们可以找一下，家里有没有小金鱼？或是在哪本书里出现过？小金鱼生活在什么地方？都有什么颜色的小金鱼？家长可以让孩子根据主题进行发散，陪他一起寻找答案。

图画发散

图画发散是什么？是把想象到的画面画出来。还拿小金鱼举例子，它可以逃到窗帘上，对不对？想象一下，它逃到了某个点上，我们就带宝宝去涂鸦。把它经过的每个点都画成小金鱼，就有了一个完整的路线图。

活动发散

所谓活动发散，就是将绘本和真实生活联系起来。比如说，跑跑镇在我们的生活中会怎样进行？把它和吃饭结合起来，会有怎么样的变化？把它和另外一件事结合起来，就是活动发散。

通过不同的发散方式，一个游戏会变成一连串的游戏。角度不同，给孩子带来的益处也有所不同。

🎀 四类值得推荐的亲子游戏

孩子之所以爱玩游戏，是因为他们能从中感知到自己的兴奋点。

什么叫兴奋点？就是很容易让孩子感到有小高峰的快乐的那个点。

每个游戏都会有兴奋点，我比较推荐的游戏有以下几种。

第一类是有身体接触，很有亲密感的游戏。

汐仔最喜欢的游戏，永远是嘴巴大吊车和包饺子，它们是怎么玩的呢？

所谓嘴巴大吊车，就是汐仔躺在床上，我把嘴巴当作大吊车，要去吊起他，他不知道我的嘴巴会落在哪儿，所以每次玩都充满神秘感和乐趣。现在，他已经三岁半了，还是会时不时地躺在床上，用眼神告诉我，你怎么还不来吊我？明白了他的意思，我就用嘴巴去吊他，他一下就笑到不行。

包饺子的游戏，其实就是把汐仔的身体当成一个面团，揉面团，擀面团，就是在他身上揉一揉，擀一擀，再把面皮捏成饺子。然后，要下饺子，把饺子煮熟吃掉，也就是假装把沙仔吃掉。

类似这种充满亲密感的游戏，孩子们都很喜欢。玩的过程中，你只在乎自己就好，而不必在乎孩子的节奏。你记住，此刻的你，就是一个在发出爱的信号的妈妈，至于你的宝宝是什么样的，你暂时不必放在心上。

第二类是动手类的游戏。

很多家长经常会问我："阳子老师，我应该什么时候给孩子买积木玩？什么时候让孩子玩穿珠子？"

搭积木和穿珠子，都是很好的游戏，可以锻炼孩子的灵活性。但是，就像我之前讲过的，孩子的玩具不一定非要买。

沙仔一岁多的时候，我陪他玩了人生中第一个垒搭的游戏，搭的是什么？是枕头！沙仔把枕头一个个搬过来，我们一起把它们搭得很高。那么大的枕头，比搭积木容易得多，而且几个枕头搭起来，就比沙仔的个头还高了。这种情况下，沙仔的成就感是很高的。

玩穿珠子也是一样的道理，你们家的箅子能不能用绳穿？箅子上全是眼儿，给孩子一根绳，他想怎么穿都行。或者，你可以用拇指做成一个圈儿，跟孩子玩钻山洞的游戏。我跟沙仔就很喜欢这个游戏。我会对他说，宝宝，来，玩小鼠钻山洞，他就用自己的手指钻我搭出的山洞。

所以说，玩游戏的时候，父母们一定要打开思路，不是必须有玩具才行。真正会玩的父母，一定是万物皆可玩的。

第三类是运动类游戏。

有一段时间，我和孩子很喜欢玩一个叫作运物大赛的游戏，怎么运呢？当然不能直接用手运。

我们会先定一个主题，比如说，我们用肚子。游戏开始之后，我和孩子就用肚子运一个毛绒玩具，我们两个人肚子顶着肚子，在不用手帮忙的情况下，完成运输玩具的任务。

除了肚子，用屁股、脸等其他身体部位，都是可以的。这个游戏既有趣，又达到了运动的目的，还有很强烈的亲密感，很有意思。

第四类叫策略类游戏。

策略类游戏非常适合三岁以上的小朋友，它能锻炼孩子的思维能力。

现在，我家孩子最爱玩的两种策略游戏，一个是以色列麻将，另一个是桌游。

以色列麻将很考验孩子的预判能力。玩的过程中，孩子需要思考下一步该做什么。这个游戏有国际锦标赛，酷仔的一大志向就是去参赛。

桌游极适合孩子提升社交能力、思维能力、数学等能力，对孩子的成长有多层次的帮助。有的家长会说，我家孩子坐不住，可能不适合玩桌游。实际上，有些桌游是融合了运动的。比如，有些桌游的卡牌是让你摆出各种各样的姿势，像单脚站立、摸对侧耳朵等，如果你同时拿到两张卡牌，那你就要单脚站立并摸对侧耳朵。

这些游戏都很棒，对孩子的成长和亲子关系的拉近，都有促进作用。

家长们，请相信我，永远不要迷信厉害的玩具都是贵的，或者说厉害的玩具一定是复杂的。只有质朴的、专业的，才是好的。

一个能在简单的玩具中获得质朴快乐的孩子，生活往往更快乐，人生往往更幸福。

留出游戏时间，让孩子自主发现乐趣

当代社会，父母必须面对的一个养育现状是，自己根本就没有那么多的时间去陪孩子玩游戏。

我见到的很多家长，都是"周末妈妈""周末爸爸"，只有在周末的时候，才有时间陪孩子。

对此，我给父母们的建议是，千万不要给自己制定 KPI（关键绩效指标），承诺每天要跟孩子玩多久，否则你们会身心俱疲。

可是，在陪伴时间都无法保证的情况下，很多父母竟然还要试图管理孩子的游戏时间，这真让我有点难以理解了。

游戏时间管理，是六岁以后的事

孩子的游戏时间管理，其实应该是六岁之后的事情。孩子上了小学，有学习任务，有课后作业，这时才需要统筹管理时间。但在六岁之前，他们还是非正式性学习，孩子每天的主要工作，就是快乐地玩耍。在玩耍中成长，在玩耍中学习一些简单的知识。

对父母来说，管理孩子的游戏时间，本质上应该是管好自己陪伴孩子的时间。父母关注的不应该是怎么限制孩子的游戏时间，而应该是陪孩子玩什么。

即便你真的很忙，抽不出大块的时间，也可以跟孩子玩一些简单的游戏。比如举高高、躲猫猫，都是很好的早教游戏。

这些游戏，都是一辈辈传下来的，每个年代的孩子都很喜欢。不然的话，你把他举高的时候，他为什么不尖叫呢？他为什么要笑呢？因为这给他的身体带来了恰到好处的刺激感，他有良好的体验。

很多父母跟我说，他们真的不知道怎么跟孩子玩的时候，我都是很诧异、很难过的。我们有那么多的游戏可供选择，有那么多让孩子笑出声的方法，却都被父母们忽视了。

六岁之前的孩子对游戏的要求并不高，家长也不需要付出很多时间，只要能让他们笑，就是一个好游戏。可是，很多父母做不到拿出时间和精力陪孩子玩。确实，现在的父母工作很忙，时间有限，但是真的忙到一点时间都没有了吗？一定不是！你反对的话，可以查一下自己手机 App 的平均使用时长。你有多少时间浪费在了刷手机上？

有些父母只是想偷懒，不想去思考，于是用一些所谓的高科技的产品绑住孩子。

比如说，给孩子一个早教机，一个故事机，让孩子自己去听、去玩。这样父母就可以自由自在地刷手机了。他们自己没体验到游戏和绘本的美好，竟然也惯性地剥夺了孩子的权利。

我鼓励所有家长可以试着陪孩子玩游戏和读绘本，只要一周的时间，你就能感受到，孩子笑起来有多可爱了；你就会知道，陪孩子是一种多么幸福的体验。尝到甜头之后，你就会爱上和孩子一起做游戏，就会变成一个希望孩子每天都笑容洋溢的家长。

你把孩子当成一个伙伴，尊重他，爱护他，陪他做符合他年龄的游戏。慢慢地你会发现，你跟孩子的关系更好了，做什么事情都得心应手了，你的时间也更多了。

🎗 做个好妈妈，是你最重要的职业

很多人都问过我同一个问题："你平时那么忙，时间那么紧张，是如何平衡家庭和工作的？"我给他们的答案只有一个，那就是很难平衡。

我一旦工作起来，经常是连续十个小时左右，即便我在怀汐仔的时候，也是一样。我确实需要工作，但我也知道，我最重要的工作，是当一个好妈妈。

所以，直到现在，无论我多晚回家，只要孩子没睡，我都会像打鸡血似的跟他们玩，让他们开心。虽然倒在床上的那一刻我感觉自己快要累死了，但这个过程中得到的愉悦，会让我觉得很幸福。

没有人会不怕累，但你尝试一次之后，就会觉得累是值得的。你看到孩子的笑脸，看到孩子对你的回应时，你身体中分泌出的快乐和兴奋感，会让你每天都愿意做这件事情。

关于平衡，我的感觉是，其实并没有更好的平衡艺术，你只有负重前行，只有更主动地去做更多。

关于做个好妈妈，我有一个特别有意思的案例，想分享给大家。

我的小助理，她有一个表嫂。这个表嫂长相一般，学历不算高，工作能力很平常，家庭条件也很一般。一开始所有人对她的评价几乎都不高。但是，随着表嫂把孩子养得越来越好，大家对她的评价都发生了变化。

"哟，真厉害，这么会教育孩子，真不错！"

"我早就看出来这个妈妈不一般，果然是人不可貌相。"

你会发现，这个社会对女性的评价，与养育孩子的水平有很大的关系。无论她长得怎么样，工作怎么样，学历怎么样，只要把孩子教育得好，她就是个好妈妈；反之，她就是个失败者。

在很多人眼里，妈妈是孩子教育的第一责任人。

为什么？因为人的认知来自人的教育基础和大脑的构建，来自最重要的 0 ~ 3 岁。而 0 ~ 3 岁的孩子最亲密的人，就应该是妈妈。

所以，身为母亲，一定要看清自己的定位。人生中最重要的事情就是当好妈妈，既然把孩子生了下来，就要好好把他养育成人。

有时候，我会觉得，养孩子这个工作太了不起了。尤其是全职妈妈，正在做这个世界上最了不起的工作。

对那些全职妈妈，我想说，咱们还是女孩子呢，不要因为养了孩子，就把自己变成一地鸡毛的"祥林嫂"，一定要热情洋溢地度过你们的每一天。只要掌握了养育的方法，只要你们能让孩子笑，你们就是好妈妈。

🎗 不要把孩子的时间都填满

我认识的很多父母都会给孩子安排各种学习班、兴趣班，把孩子的时间填得满满的。

这样的父母可能知道留白的重要性，但是放到孩子身上，他们就忘了。孩子没有自己的时间，不能随心所欲地玩，他们一定是不快乐的。

至于应该如何让孩子笑，如何给孩子正确的教养方式，我有几点建议，希望对大家能有所帮助。

第一，孩子的绝大部分时间应该用来散玩。

什么是散玩？就是你不要刻意规定孩子应该玩什么，他想玩什么就玩什么。比如，他要玩拖鞋，那你就陪在他身边，看着他玩。

一般来说，孩子两岁之前，是需要父母陪着玩的。但两岁之后，就是你玩你的，他玩他的，或是你看书他玩，只要你在身边，他能看见你就好。他可能偶尔会跟你互动一下，但是怎么玩，玩什么，依然由他决定，只要孩子开心就好。

第二，剩余的一部分时间用来游戏。

我不止一次强调过，早教游戏对孩子的重要性。

这些游戏，应该是单独的游戏形态，一个游戏只需要 2 ~ 5 分钟。它可以是随着音乐律动，可以是专注力培养，也可以是思维训练。

至于数量，不需要太多，一天做一个就足够了。甚至一周带孩子做三五个，也是可以的。

第三，绘本阅读。

绘本阅读是润物细无声的，它像春雨一样洒到孩子身上，给孩子柔柔的、软软的、暖暖的感觉。一夜之间万物回春，这就是绘本阅读的意义。我建议父母有时间的话，每天都可以陪孩子读一读绘本。

父母始终应该记住，孩子是一块蛋糕的话，你的角色就是蛋糕上的点缀，你是点缀他的生活的，而不是去做蛋糕坯。你想把孩子的生活都填满，那你们都会很累。给孩子的游戏时间有适当的留白，让孩子自己做主，他就能从中找到乐趣。

走出常见误区，带孩子探索未知世界

现如今，一提起游戏，很多父母就如临大敌，根本不愿意让孩子体验游戏的快乐，唯恐孩子玩物丧志。

这让我深刻意识到，很多父母对游戏的认知太过表层化，将游戏与消遣画上了等号。实际上，通过游戏孩子能提升多项能力，还能培养游戏思维。

所谓游戏思维，是孩子能与自己相处、与他人相处，并能从中获得愉悦感的能力。

我特别害怕一种家长，他们带孩子玩游戏之前，很想明确地知道这个游戏能提高孩子的哪项能力。只是好玩还不够吗？孩子开怀大笑就不是收获吗？如果孩子能在快乐的时候，顺带提高某项能力，那是额外的收获，家长应该有双重的满足感。如果孩子只是很开心地笑，这也是游戏的意义，家长也应该接受。

孩子天然知道游戏的输赢

很多家长都问过我这样一个问题："阳子老师，在游戏中，到底要不要设立输赢？"

他们的困惑在于：设立输赢的话，游戏就有了功利性，孩子玩起来就没那么纯粹；不设立输赢的话，又很难调动孩子的竞争欲望。而且，如果孩子总是输，自信心就会受到打击。

实际上，输赢的感受是自然产生的。孩子基于游戏中的多次成功经验，慢慢就会知道赢是好的。不然的话，跑步的时候他为什么非要跑在你前面？吃饭的时候，为什么要跟你比谁吃得快？吃苹果的时候，为什么非要挑大的那一个？这涉及孩子荣辱观的建立，是非常自然的事情。

所以，家长们不必忌讳输赢的问题。只要方法得当，孩子就不会受到输赢的困扰。

比如说，玩大拇指摔跤的游戏，被按下去就是输了。你把孩子的拇指按下去之后，可以立刻让孩子按回来。

这种输赢的飞快转换，会让孩子意识到，这盘我输了，下一盘就能赢回来。让孩子产生愉悦体验的同时，又能提升抗挫力。

很多家长错误地认为，让孩子输更能提高抗挫力。可是对年龄尚小的孩子来说，玩游戏更多是享受乐趣，更多是感受游戏带来的新鲜感。孩子输多了，自然就不愿意玩了。所以我才一直告诉家长，大多数情况下，还是应该让孩子赢。

🎗 在竞争与合作中发现更多玩法

在游戏的过程中，有很多家长问我："阳子老师，在游戏中要竞争还是要合作？"答案很简单，两者都要！同一个游戏中，可以竞争也可以合作，它们并不是绝对的对立关系。只要换一个思路，就可以实现竞争与合作的互换。会玩的孩子，最重要的能力就是他能与自己相处，与他人相处。

比如说跑步，如果是单人比赛，比谁跑得快，这就是竞争；如果是"两人三足跑"呢，那每组中的两人就是合作，对不对？

再比如说，我特别喜欢跟孩子一起捡石子。我们比赛谁捡得多，这就是竞争；我们一起把石头粘贴成一幅石头画，就变成了合作。

所以，家长们不用过度计较什么时候该竞争，什么时候该合作。你的孩子会知道，竞争和合作是同时存在的，它们根本没有先后关系，游戏中更重要的，是学会与人交往。

他们会思考，在游戏中，爸爸妈妈、爷爷奶奶、姥爷姥姥、同学朋友，他们作为不同的对象，可以跟我产生什么样的关系？我可以跟他们产生什么样的配合？我赢的时候是什么样？输的时候又该怎么办？

有一个四岁的小朋友，转省去上学。对孩子来说，语言是一个很大的问题。他听不懂地方方言，怎么和人沟通呢？

一天，其他小朋友都在玩土，他不知道怎么才能加入进去。于是，他在那些小朋友旁边，用土、树叶、树枝等，搭了一个特别好看的房子。

他虽然只是自顾自地玩自己的，但他的房子很快就吸引了旁边的小朋友。他们都凑过来问，你是怎么搭的呀？跟谁学的呀？能不能教教我呀？因为会玩，这个外来的小朋友反而成了大家关注的焦点。

家长们，游戏一定可以给孩子带来成长。你们千万不要小瞧了孩子，有时候，他们对游戏的理解，会比你们更透彻。你们只要把孩子带进玩的场景中，他们自己会探索出更多的玩法。

🎀 现在的兴趣不等于未来的兴趣

除了上面两个疑惑，也有很多家长问我："阳子老师，我家孩子只喜欢玩恐龙，其他东西都不喜欢怎么办？"

在孩子的成长过程中，这是很常见的现象。三岁之前，孩子很容易形成兴趣的窄向通道。这是符合成长规律的。

什么叫兴趣的窄向通道呢？就是孩子的喜好相对单一，有明确的取向。比如说，很多小男孩儿只喜欢奥特曼，只喜欢恐龙，只喜欢小汽车，只喜欢火车，这就是他们的窄向通道。小女孩呢，大多数情况下只喜欢小公主，只喜欢布娃娃，只喜欢做手工。窄向通道没有错误和正确之分，代表的是孩子的审美和兴趣判断。孩子喜欢，家长坚定支持就好。

当然，家长也要知道，孩子的兴趣并不是一成不变的。

千万不要以为，他们现在的兴趣就是以后的兴趣。我见过太多的小朋友，因为读了一个绘本，就产生了某种兴趣。比如说，有些女孩看了《大脚丫跳芭蕾》，就想要跳芭蕾。可是坚持不了两天，就跟妈妈说不想跳了。

也就是说，绘本可能会激发孩子的某种向往，但不一定能燃起孩子真正的兴趣爱好。爱好一定是需要投入时间和精力的，需要意志力的支配。孩子想在某件事上获得成就感，以确定自己确实对此有兴趣，三五天的时间肯定是不够的。所以，我们要允许孩子有两周的尝试时间。跟孩子约定好，如果两周后还是很喜欢，那就给孩子买培养爱好所需的东西。否则，就让孩子当作短暂的喜欢。

我记得，酷仔第一次玩"犀牛建筑大师"这个桌游之后，就对建房子特别感兴趣。后来，他想了解中国建筑史和世界建筑史。于是，我带他去找相应的书，上网买或者去书店看。我知道，这应该不会成为他的终身爱好，但他的这种探索欲，我会积极支持。

孩子有探索的热情，对游戏有浓厚的兴趣，游戏思维的小火苗就能慢慢燃起熊熊大火。家长要做的，就是保护好这个小火苗，不要让它过早地灭掉。

🎗 不同的阶段，以不同的方式陪孩子探索世界

我一直告诉家长们，在不同的成长阶段，孩子探索世界的

方式是不一样的。

比如，孩子出生之初，是用嘴巴探索世界、丈量世界的，所以他们喜欢把每样东西都往嘴里塞。

到下一个阶段，孩子开始用手探索世界。所以，他们喜欢摸摸这儿、摸摸那儿，对触觉十分敏感。

接下来一个阶段，孩子开始用眼睛探索世界。一岁以后，他们可以看到颜色和形状，能从外形上去了解新鲜的事物。

在三岁以后，孩子开始综合性地探索世界，这个阶段，他们会加入自己的思考、经验和判断。

这几个阶段的先后出现，是孩子成长规律的必然。作为家长，要允许不同阶段的孩子以自己的方式去探索世界。带着游戏的心态陪伴孩子成长，这样家长和孩子都会很快乐。

比如说，孩子用嘴巴探索世界的时候，很喜欢吃手。缺乏游戏心态的家长往往会阻止孩子的这一举动，或是要给孩子买很贵的口咬胶。

家长这样做，满足了自己的心理需求，对孩子的成长却有害无益。在口欲期，孩子想咬什么只要安全就让他咬，当然家长还要负责卫生。

尊重孩子，保护孩子，带着游戏的心态与孩子相处，你会发现，孩子会更乐于探索世界，会更开心地与你相处。

家长陪伴孩子成长的这条路，很长，很美，家长和孩子可以一起慢慢走。有了游戏思维相伴左右，孩子会在探索世界的路上越走越快，越走越远。

在生活中游戏，在游戏中成长

　　很多家长都跟我说过，自己的孩子虽然有很多玩具，却根本不会玩，甚至不如自己小的时候会玩。他们想不通，明明选择多了，怎么反倒不会玩了呢？

　　我相信，很多家长都会有这样的感觉。甚至有些家长会以为这是自己的错觉。我可以十分肯定地说，这并不是什么错觉，而是真实得不能再真实的现实。

　　家长们小的时候，家里没有钱购买玩具。能玩的都是身边随处可见的东西。比如抓石子、和泥巴、翻绳子等等。这些游戏乐趣十足、简单易操作，能发展出无限的游戏可能。可是现在的孩子呢，下楼的时候如果不带着玩具，根本不知道自己能玩什么。有的时候，玩不了几分钟，就想上楼回家了。所以，我经常跟家长们讲，你们一定要知道，除了玩玩具，孩子还可以怎么玩。

🎗️早教游戏应该返璞归真

对孩子来说，在游戏中体验到质朴的快乐是十分重要的，这也是我们提倡早教游戏要返璞归真的原因所在。

对于那些真的不知道怎么带孩子玩的家长，我有两条建议可供参考。

第一，要接受孩子会弄脏自己。

脏玩这个概念，其实很多家长都知道。只是在理解上可能有些偏差。有些家长觉得，脏玩是不是就要玩脏东西？当然不是的。

所谓脏玩，就是这个游戏可能会弄脏孩子，而不是原材料是脏的。游戏的过程中，孩子可以用手、脚、身体等，更多地触碰原材料，产生更多的可能性。

比如说，很多人觉得玩泥巴脏，其实它不脏，只要孩子不在口欲期，泥巴可以随便玩。我的孩子就是这样，在度过口欲期后，玩土伴随了他整个童年。即便到现在，他仍然觉得土是最好玩的东西，这就是一种非常健康的游戏心态。

第二，给孩子一些简单的游戏道具。

很多家长是缺乏游戏能力的，并不知道如何利用道具。

比如说，你手里有一张白纸，可以玩什么游戏？很多人也许只能想到撕纸。可是，如果你能记住"视、听、触、味、嗅"

这五个字，就不会单一地看待道具，就可以开发出更多的游戏。

比如说，这张纸看上去是什么颜色的？它是白色的，对不对？我们再一起找一找，看看家里还有什么东西是白色的？这是不是个游戏？这就是"视"。

然后，我们抖一抖或者弹一弹这张白纸，会发现每次发出的声音是不一样的，这是听觉上的刺激，也就是"听"。

接着，再用手摸一摸这张纸，是顺滑的？还是粗糙的？触觉上的感受，也就是"触"，会让孩子对这张纸有更切身的体验。

至于"味"和"嗅"，我们可以换个道具。

比如说，家里有酱油和醋。让孩子尝一尝它们的味道，是酸的？咸的？还是苦的？辣的？这是"味"，通过品尝产生感受。

然后，让孩子闭上眼睛闻一闻，哪个是酱油？哪个是醋？这就是"嗅"。通过"味"，孩子已经知道酱油和醋的不同，"嗅"这个游戏对他来说会很简单，很轻松。

看到了吧，在你视野范围内的东西，其实都可以当作游戏的道具。当你从不同的角度去拆分，就会产生各种新的玩法。这样的排列组合，可以无穷无尽。甚至，你可以用更高阶的玩法，来锻炼孩子的各项能力。

比如说，你跟孩子一起，把白纸撕成很小的碎片，或者是保证不断裂的情况下，把纸撕成一条一条的，这都是练习专注力的好方法。

撕纸这件事，孩子是觉得好玩的，他会乐享其中，不知不觉间就提高了专注力。

🎗 游戏是帮孩子解决实际困难的

很多家长问我："阳子老师，我家孩子不爱上厕所怎么办？不爱刷牙怎么办？不爱喝水怎么办？"

这样的问题，我也遇到过。根据我的经验，要是直接教他，或是要求他必须怎么做，他一般是不会听的。但是，如果能跟他玩个游戏，那问题就能轻松解决。

比如，我跟孩子常常玩一个叫"喝掉大咕咚"的游戏。

我的大儿子酷仔，小时候只爱喝牛奶，不爱喝水。我就跟他讲，你的喉咙里有一个叫大咕咚的怪兽，他一碰到水，就会发出咕咚咕咚的声音，你就把它喝掉了。

每次他喝水，我就把耳朵贴在他的喉咙边，边听边对他说，宝宝，你又喝掉了一个大咕咚，真棒！你居然杀死了这么多怪兽，真是太厉害了！他听了我的话，就很开心。

随着游戏次数的增多，我开始加入其他条件，让喝水这件事变得更好玩。我会说："宝宝，这次要喝掉五个大咕咚。"这么做，不仅能让孩子喝掉足量的水，还可以给孩子做数学启蒙。

当然，我的首要目的并不是后者，它只是游戏带来的附加价值。我的终极目的，就是让孩子的生活过得愉快一点。

又如，很多小朋友不喜欢洗手。家长应该怎么办？我们可以把洗手这件事编成一个童谣啊，一边演示一边唱：两只小螃蟹呀，见面抱一抱，你抱着我，我抱着你。这个活动，会让孩子觉得洗手是很好玩的事。

可见，游戏的重要性不仅体现在提高孩子的能力上，更体现在解决孩子的实际困难上。让一些孩子知道，做自己不想做的事，其实并没有那么难。

如果你细心一点，就会发现生活处处是游戏，让孩子在游戏中学习和成长，是最好的早教方式。

家长所做的一切，就像呈现在孩子面前的一本书。家长有游戏精神，孩子自然会受其影响。把书读完之后，孩子会主动开发自己的游戏精神。这种主动性不是家长说教就会产生的。它是在玩的过程中一点点蜕变来的。

所以，家长千万不要有奢望，不要以为自己做了这一系列的事情之后，孩子立刻就会有所提高。你做的一切，都是为了让孩子开心，让孩子笑在当下。只要你们能把今天过好，从亲子关系上来说，就已经是很了不起的事情了。你把今天过得好，明天一定也不错；把明天过得好，后天又会不错。如此循环往复，每一天都会过得很好。

🎖 游戏精神带来持续不断的小惊喜

乐于关注当下的人，往往都有游戏精神。他们对未来没有过多的奢望，而是专注于脚下的每一步。他们从小就体验过生活的甜，在长大成人之后，也能带着笑容去面对生活的苦。

我是一个喜欢游戏的人，自身有一个非常明显的感受，就是能体会到生活中很多的小细节和小快乐。

比如，前一段时间我到上海开讲座，闲暇时我在大学门口的咖啡馆小憩。咖啡馆门口有一只猫，懒洋洋地趴着。我发现，它的尾巴是分成两叉儿的，像开花了一样。我很好奇，就找老板聊了聊。老板说，你的观察力太强了，真的很少有人发现这只猫的不同。

聊天结束，我发现，好好做游戏真的太重要了。我是被绘本和游戏滋养的，那些被绘本养大的孩子，一样凡事都有洞察力，而这种洞察力能不断带给你生活的小惊喜。

作为成年女性，又当了妈妈，如果时间都被生活和工作填满的话，其实是件很可悲的事。我们要不断地给自己小惊喜，回馈给自己幸福感。

另外一点，是我直到现在依然对这个世界充满好奇和探索欲。我很愿意带着孩子一起读书，通过书本了解外面的世界。

有一次，我问酷仔，你在读什么书？他说读到一个故事，里面讲了一些云南的事情。我就说，咱们查一查攻略，什么时候去玩一趟，我对云南还挺好奇的。

这种探索欲和好奇感，是我从小就有的。在游戏精神的指引下，我的内心不断得到满足，逐渐变得丰盈。我的孩子，现在也是一样，充满了游戏精神。未来，他们也会成为快乐、幸福的人。

如果你觉得自己是一个总抱怨生活无聊、对什么都觉得没有兴趣的人，那你最该做的一件事情，就是从你的孩子身上获得灵感。你要陪他做游戏，你要伴他成长，你还要谢谢他，他真的可以让你重新活一遍。

之所以能重活一次，是因为你能从孩子身上看到无与伦比的探索热情，它能点燃你，让你精力充沛地做真正的自己。

游戏

1. 大拇指摔跤

这个游戏不会受到时间和地点的限制，只要想到了就可以和孩子做。妈妈和孩子伸出自己的大拇指抵在一起，相互用力，扭来扭去，尝试去压倒对方，不仅可以锻炼孩子手指的灵活性，还可以在游戏中增强亲子关系。别忘了，在这种力量游戏中，

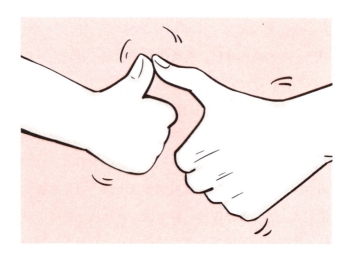

要适当地让孩子感受到赢的感觉哦！

2. 嵌合板

这个游戏需要用纸板来制作嵌合板。我们可以在一块平整、有厚度的纸板上画上长方形、正方形、三角形、圆形，并用裁纸刀将图形完整地裁下来，这个嵌合板就制作完成了。接下来就可以让孩子用这个纸板来进行图形的嵌合了，等孩子的动手能力进一步提高的时候，我们可以再制作有难度的图形让孩子来进行嵌合。

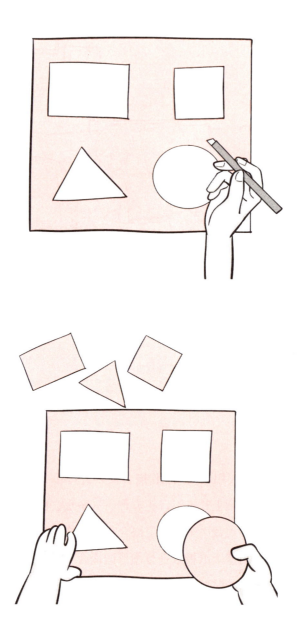

孩子笑了就对了

3. 包饺子游戏

这个游戏不需要准备任何道具，也没有时间的限制，只要你想到了，就可以带孩子做起来。孩子平躺在床上，告诉孩子现在我们要开始包饺子了。家长在唱"擀饺子皮"的时候，双手叠在一起，在孩子的身体上打圈摩擦；唱"包饺子"的时候轻轻握住孩子的四肢，从大臂到小臂，从大腿根到小脚丫；唱"煮饺子"的时候抱起孩子轻轻摇晃；最后唱"吃饺子"的时候，可以张大嘴巴，假装把孩子一口吃掉。

擀、擀、擀饺子皮，擀完饺子皮包饺子。

包、包、包饺子，包完饺子煮饺子。

煮、煮、煮饺子，煮完饺子吃饺子。

吃、吃、吃饺子，吃了一个胖饺子。啊呜啊呜。

4. 蒸屉抽抽乐

这个游戏需要准备的道具很简单。相信大家家里肯定都有蒸屉吧，我们可以找一些干净的布条，将布条穿过蒸屉孔后两端打结，这个游戏的道具就准备好了。接下来就可以带着孩子玩起来了，一岁之前的孩子可以从整手抓来开始游戏，然后向两指捏过渡。一岁以后的孩子，家长扶住蒸屉，先让孩子尝试双向抽拉，之后可以再让孩子尝试两手分工进行抽拉。让孩子捏住一端的绳结做抽拉动作，这能很好地锻炼孩子的动手能力。

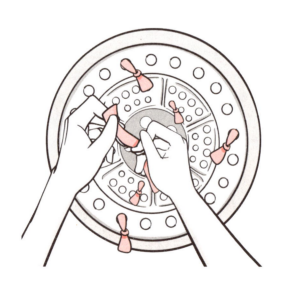

1 岁以内

1 岁以后

5. 人力车

　　这个游戏不仅可以锻炼到孩子的大运动能力，还能很好地促进亲子关系。游戏正式开始之前需要家长先清洁地面，接下来，需要孩子双手撑在地面上，家长双手握住孩子的脚腕，孩子双手交替向前。这能很好地锻炼孩子的上肢力量，还可以随意在地面上放置一些物品，让孩子按照指定的路线走。需要注意的是，人力车需要孩子四肢力量的积累，建议孩子两岁以上再去玩。

孩子年龄 2+

6.白纸游戏

一张普普通通的白纸，如果能用它带孩子做一个早教游戏，那它发挥出的价值是很大的。一张白纸除了可以从"五感"的角度来玩，还可以从锻炼孩子手部精细动作的角度来玩。我们拿出一张白纸，可以抖一抖，让孩子来听一听，抖动发出来的声音是很高级的白噪声；然后，我们可以弹一弹白纸，这是非常清脆的声音，像是爆竹的声音"嘣——"；接下来，鼓励孩

孩子笑了就对了

子，用他的拇指和食指，将白纸撕成小块，这对于孩子拇指、食指的配合是一个极大的锻炼；最后就是把白纸团起来，这个动作需要孩子的双手协调配合。

附录

🎗 孩子需要绝对自信吗？

孩子不需要绝对的自信，因为那是一种狂妄、自大、危险的表现。

培养孩子的自信就像搭积木一样，不是一蹴而就直接搭好一个宝塔，而是一步一步，一点一点积累才能做到。孩子的自信，是通过每一次跑步，每一次游戏，每一次想法的达成，才能慢慢建立的；也是通过妈妈每一次说爱他，爸爸每一次举高高，爷爷奶奶的每一次用心呵护，才慢慢建立起来的。

绝对的自信也是不稳定的。有些时候，他在面对超出他的能力的事情时，也举手大声说我可以，这种自信是对自己能力的一种误判，是很危险的。

所以，孩子不需要有绝对的自信，他需要的是对自己的能力做出判断，明确知晓自己擅长什么、不擅长什么。

🎗 孩子说害怕怎么办？

孩子在哪个阶段最容易说害怕？大概是两岁，很多孩子会说妈妈我怕黑，怕鬼，怕妖怪。但本质上，他们并不是真的害怕，真的害怕不只是表达出来而已，还会伴随着大哭、耍闹、睡不着等。

孩子之所以说害怕，是因为刚刚知道鬼、怪之类的词汇，感觉很新鲜，而且对妈妈说出害怕的时候，妈妈会过来抱住他，摸着他的头说："不怕不怕，没有妖怪，妈妈就在身边。"在这个过程中，孩子能感受到妈妈对他的关注和爱。

所以，当晚上孩子和你说害怕的时候，要知道他想要的是你的关注和爱护，不要把这个太当回事，自然过渡就好。

🎗 孩子不喜欢生人怎么办？

很多家长有这个疑惑，感觉孩子怕生是很严重的一件事，总想矫正过来，其实这是一种错误的认知。

有一次，我作为嘉宾去参加一档电视节目，导演希望我能让一个一岁半、很怕生的小女孩，去街上和几个陌生人拥抱。我反问导演："孩子为什么非得不怕生呢？为啥强迫她和陌生人拥抱呢？明明是陌生人为什么非要喜欢呢？"

事实上，孩子见到生人会害怕、会哭闹都是很正常的，这说明孩子有了记忆，记住了身边熟悉的人的面孔，这是一件非常棒的事情。

我希望妈妈们记住，孩子怕生一点都不可怕，完全不怕生才是一件很危险的事情。

🎖️ 孩子可以有不喜欢的人吗？

孩子有自己的判断力，也有选择喜欢或者不喜欢一个人的权利。

我记得，酷仔还很小的时候就跟我讲，他最不喜欢表姑（就是我的一个表妹）。我问他为什么，酷仔当时的语言表达不是很好，只说就是不喜欢。

等到他四五岁的时候，我问他为什么不喜欢表姑，他说："因为每次和表姑的孩子一起玩的时候，表姑会直接把他手里的玩具拿去给她自己的孩子。"

表姑这样做，酷仔当然有理由不喜欢她。但从我的角度，我更期待酷仔可以大胆地说出自己的想法，表达自己的感情。

🎗 别人说我的孩子不好，我该怎么办？

前段时间，我亲身经历了这件事情，有一个人当着我的面非常挑衅地说我小儿子怎么长得这么丑，还给了一些其他的评价。

遇到这样的情况，我会对孩子说，我们不是钱币，不是所有的人都会喜欢我们，只要我们没有做伤害别人的事情，那他们喜不喜欢和我们没有任何关系。你要做的，不是为了他人的评价改变自己，而是喜欢自己，喜欢妈妈，喜欢哥哥，喜欢爸爸。喜欢自己的家人，这就足够了。

所以，让孩子内心变强大，不是告诉他没关系，而是让他感觉到有你在。

🎗 你会再生一个孩子吗？

我很喜欢孩子，也有再要一个孩子的想法。

有一次，我翻出了我九岁时写的作文，题目是"我的梦想"，我当时写的，就是想当一个好妈妈。可以说，我现在是梦想照进了现实。

我一直觉得，养大一个孩子，让孩子在充满爱的环境中成长，和他建立非常亲密的关系，是一件很了不起的事。

同时，在和孩子的相处过程中，我真的感觉到当我的孩子是一件很幸福的事。我会给他们足够大的空间，会一直牵着他们的手，让他们感觉到这个世界是美好的，是温暖的。虽然有恶意存在，但妈妈一直都在，妈妈永远是他们的依靠和靠山。

孩子不懂规则怎么办？

很多人认为，规则是用嘴讲出来的，我却认为这是一种很不靠谱的方式。实际上，真正的规则是在游戏中建立起来的。

比如，你告诉孩子要排队，这样空口无凭地说出来，孩子不知道为什么要排队，更想象不到排队的画面，孩子意识不到这是必须遵守的规则。如果你想要他真正明白排队的规则，应该是把一个个小玩偶排成一队，让孩子看到小玩偶是怎样排队的。孩子只有充分理解什么是排队，并知道如何排队，才能更好地遵守排队的规则。

孩子能力的提升是通过什么达成的？

孩子能力的提升是通过经验达成的，其中包括成功的经验，也包括失败的教训。为什么这么说呢？比如，孩子学了走路，家长一定觉得是成功的经验加速了孩子能力的提升。的确，成功的经验是宝贵的，但失败也很重要。孩子摔了一次之后，知道哪些路是自己不能走的，下次就会注意，这就是失败带来的警示作用。

🎗 孩子拥有领导力的标志是什么？

评价一个孩子是否有领导力，不是看有多少人愿意听他的话，而是看他对他人有没有帮助，对集体有没有贡献。尤其是在游戏中，不可能只有一个领导，不可能一个人说了算，否则就成"独裁"了。如果一个孩子在游戏中有贡献，能独当一面，那他就是有领导力的。比如说，大家一起玩搭房子的游戏，你是负责运送木材的，如果能找到很多木材，那你也很了不起，你也是有领导力的。

后记：
生活处处是游戏，孩子笑了就对了

　　我想告诉家长们，生活处处是游戏，生活处处充满欢乐和笑语。

　　当然，生活也不必全是欢乐，但是一定要有情感的涟漪，得有你和世界的共鸣，得有你和他人的思想碰撞。你得和这个世界建立联系。

　　对孩子来说，快乐并不是简单的笑一笑，而是彼此间的碰撞。被益智游戏和经典阅读养大的孩子，一辈子都愿意跟这个世界有所联系，不会担心自己被抛弃。

　　《孩子笑了就对了》这本书更多的是讲，你要跟孩子的情绪和感受有碰撞。你们要有关联。你不仅仅要给他读书，带他认字，更要带他去体验。就像我跟孩子读《跑跑镇》时做的那样，把吃饭也当成一种碰撞。这样的想象和拓展，一定能让孩子笑。

这种笑，源于你愿意牵着孩子的手，和他一起向前走，一起迎接绘本和游戏中的情感挑战和碰撞。哪怕你给孩子读绘本惹得他哭了，这也不是坏事。真正因为绘本哭过的孩子，才能真切感受到情感的变化和魅力。

所以，我一直强调，游戏没有所谓的对错，也不要预设什么标准。不要想着，一定要在什么时间养成什么能力，这对孩子的快乐是一种设限和伤害。

我想告诉大家的是养育孩子的底线，而不是如何事事追求满分，或是对错的标准。在我看来，只要你和孩子都有愉悦的心情，那就是对的；只要你们在亲子关系中都是舒适的，那就是对的；只要你当了妈妈之后，拥有了更美好的人生，那就是对的。